하브루타
국보여행

하브루타
국보여행

글로세움

하브루타하고 국보 여행 떠나요!

2018년 1월 18일, 전남 구례로 첫 번째 국보 여행을 떠났습니다. 2020년 10월까지 어느새 39번 국보 여행을 떠났고, 200건이 넘는 국보를 관람했죠. '아는 만큼 보이고, 알면 사랑한다'는 말을 믿었습니다. 그래서 준비 없이 여행을 떠날 수 없었고, 가족과 함께 미리 국보에 관해 공부했습니다. 어떻게요? 하브루타 교육법을 활용했죠. 질문을 던지고 대화를 나누고 답을 찾아 나갔습니다.

Why? 하브루타

두 딸이 초등학생이 되면서 교육에 대한 고민이 더 커졌습니다. 어렸을 때는 책을 많이 읽어주면 그걸로 족하다는 생각에 실컷 책을 읽어주었는데, 뭔가 빠진 느낌이었죠. 그때 만난 것이 하브루타 교육법입니다.

전성수는《부모라면 유대인처럼 하브루타로 교육하라》에서 "하브루타는 짝을 지어 질문하고, 대화하고, 토론하고, 논쟁하는 것"이라고 했는데, '질문'은 아이들의 생각을 끌어내고 배움을 확장하는 힘이 있다고 생각했습니다.

하브루타는 생각하는 교육법입니다. 이것이 하브루타를 선택한 첫 번째 이유죠. 하브루타는 유대인의 교육법으로 잘 알려졌지만, '질문'하고 '생각'하는 공부법은 우리 조상들의 교육법이기도 합니다.《중용》에서는 '학문(學問)을 널리 배우고(博學) 자세하게 묻는(審問) 것'이라고 했습니다. 묻기 좋아하는 '호문(好問)'이야말로 배우는 사람이 갖춰야 할 최고의 자질이라고 했죠. '호학(好學)'의 대표자인 공자는《논어》에서 '배우기만 하고 생각하지 않으면 막연하여 얻는 것이 없고, 생각만 하고 배우지 않으면 위태롭다'고 했습니다. 배움에는 반드시 '생각'이 함께 해야 하는 것입니다.

하브루타를 선택한 두 번째 이유는 하브루타가 효율적인 학습법이라는 점입니다. 미국의 국립행동과학연구소(National Training Laboratories)에서 발표한 '학습 효율성 피라미드'에 따르면, 강의 듣기는 5%, 읽기는 10%, 시청각 수업 듣기는 20%의 학습 효율성을 갖습니다. 이어서 시범 강의 보기의 효율성이 30%이고, 집단 토의는 50%, 실제 해보기는 75%의 학습 효율성을 보이죠. 마지막으로 실제 해보기보다도 더 학습 효율성이 높은 방법이 바로 '서로 설명하기'인데요. 무려 90%의 학습 효율성을 보여줍니다. 하브루타를 통해 질문하고 대화하고 토론하고 논쟁하며 '서로 설명하는' 것이 최고의 학습법인 것이죠.

하브루타를 선택한 마지막 이유는 너무도 빨리 변해가는 우리 사회의 모습 때문입니다. '지식의 습득만으로 우리 아이들이 미래에 대처할 수 있을까?'하는 고민이죠. 카이스트의 김대식 교수는 "지금 아이들은 인류 최초로 기계와 경쟁하는 세대"라고 했습니다. 세계경제포럼은 〈일자리의 미래〉에서 "올해(2016년) 초등학교에 입학하는 어린이들의 약 65%는 현존하지 않는 새로운 직업을 갖게 될 것"이라고 밝혔고요. 우리 아이들에게 진짜 필요한 능력은 무엇일까요? 미국경영연합회에서 발표한 '21세기에 가장 필요한 능력(4C)'은 좋은 참고자료가 됩니다. 바로 창의력(Creativity), 협업 능력(Collaboration), 비판적 사고력(Critical thinking), 그리고 의사소통 능력(Communication)인데요. 이 4C를 키울 수 있는 교육법이 바로 질문하고 대화하고 토론하고 논쟁하는 하브루타입니다.

What? 국보

그럼, 하브루타를 어떻게 실천해야 할까요? 사실 하브루타는 일상에서 언제든, 어디에서든 실천이 가능합니다. 하브루타의 대상도 무궁무진하죠. 책을 읽으면서 또는 그림을 보면서 질문하고 대화하고 토론하고 논쟁하면 됩니다. 속담이나 격언도 하브루타의 좋은 대상이 될 수 있고요. 짧막한 유튜브 영상도 2시간짜리 장편 영화도, 영상 시청 후에는 얼마든지 하브루타 할 수 있습니다.

제가 국보를 하브루타의 대상으로 삼은 첫 번째 이유는, 국보에는 '이야기'가 있기 때문입니다. 국보에는 그 국보를 만든 사람들의 이야기와 그 국보를 지기기 위해 노력한 사람들의 이야기가 담겨 있습니다. 또한 국보는 '보물에 해당하는 문화재 중 특히 역사적, 예술적, 학술적 가치가 큰 것'입니다. 국보를 소재로 역사를 이야기할 수 있고, 예술을 논할 수 있으며, 국보에 학문적으로 접근할 수도 있죠. 게다가 국보와 같은 문화재를 다루는 문화재학은 고고학, 미술사학, 민속학, 역사학뿐만 아니라 인류학, 서지학, 군사학, 보존과학, 물리학, 화학, 생물학, 지정학, 건축학, 국문학 등등을 포괄하는 융합학문입니다. 국보를 통해 '문사철' 인문학 교육뿐만 아니라 과학 이야기도 가능합니다.

국보로 하브루타를 했던 두 번째 이유는 초등학교 역사 공부가 문화사 중심이기 때문입니다. 처음 '국보 하브루타'를 시작하고 국보 여행을 떠난 시점은 첫째 아이 어진이가 5학년 진급을 앞둔 4학년 겨울방학이었습니다. 초등학교에서는 5학년 때 처음으로 한국사를 통사로 배우는데요. 초등 사회책에는 우리에게 익숙한 정치사도 나오지만, 우리 조상들의 문화와 생활 모습이 많이 담겨 있습니다. 아무래도 처음 역사를 접하는 아이들이 좀 더 쉽고 재밌게 우리 역사에 다가설 수 있기 때문이죠. 2년 후 5학년이 된 둘째 가온이가 사회책을 훑어보면서, '우리 가족이 봤던 국보가 교과서에 많이 나온다'고 합니다. 2학년 겨울방학에 국보 여행을 시작한 가온이에게도 국보 하브루타는 효과 만점이었습니다.

하브루타의 대상으로 국보를 선택한 세 번째 이유는 '국보 하브루타'로 공부한 후 '국보 여행'을 떠날 수 있기 때문입니다. 다들 여행 좋아하시죠? 국보는 전국 방방곡곡 없는 곳이 거의 (제주도에는 국보가 없음) 없습니다. 국보를 테마로 전국 어디로든 떠날 수 있죠. 집에서 가까운 박물관으로 당일치기 여행을 갈 수 있고, 경주, 공주 등으로 떠나는 도시 국보 여행도 가능합니다. 전라남도의 맛집을 돌면서 함께 근처에 있는 국보를 관람하면, 여행의 재미도 놓치지 않으면서 체험학습의 효과도 얻을 수 있죠. 가족과 함께 떠나는 국보 여행 팁 세 가지만 소개해 드릴게요.

한 번에 많은 국보를 보지 말자

국보 여행을 다니다 보면 욕심이 나는 순간이 있습니다. 여행을 계획하면서 하루에 최대한 많은 국보를 볼 수 있도록 동선을 짜는 거죠. 효율은 높을 수 있겠지만, 효과는 기대만큼 얻지 못합니다.

국립중앙박물관에서 '대고려전' 특별전을 열었을 때입니다. 전시된 국보가 11점이었는데요. 한 번에 11점의 국보를 보고 오니, 나중에 기억에 남는 게 많지 않더라고요. 하루에 보는 국보는 최대 6점을 넘지 않는 것이 좋습니다.

국보를 관람할 수 있는지 미리 확인하자

국보는 항상 그 자리에서 우리를 기다려주지 않습니다. 국보 여행을 떠나기 전에 반드시 국보를 관람할 수 있는지 확인하는 게 좋죠. 이왕이면 '국보 하브루타'로 공부를 하기 전이 더 좋습니다. 여행을 계획한 날짜에 해당 국보를 볼 수 있는지 사전에 확인해야 합니다. 처음으로 떠난 국보 여행에서 여수 진남관은 보수 중이었고, 구례 화엄사 쌍사자 삼층석탑은 해체 수리 중이라 볼 수 없었던 아쉬움이 교훈이 되었습니다.

여름에는 시원한 박물관을 활용하자

여름에는 날씨가 덥기 때문에 야외에 있는 국보 관람에는 무리가 따릅니다. 특히 어린 아이들은 더 힘들어하죠. 큰맘 먹고 떠난 국보 여행에서 국보는 기억나지 않고, 무더위만 기억할 수도 있습니다.

2018년 여름방학에 경주에 있는 국보들을 모두 보려고, 3박 4일 일정으로 여행을 떠났는데요. 나름대로 날씨를 고려해서 실내와 실외 일정을 배정하고, 오전에만 집중적으로 국보 관람 계획을 세웠는데도 아이들은 많이 힘들어 하더군요. 더운 여름날에는 실내 박물관 위주의 국보 여행을 추천합니다.

How to? 국보 하브루타

'국보 하브루타'는 쉽습니다. 절차가 복잡하고 어려우면 실천이 어려우니까요. 국보 하브루타는 크게 2단계로 나눌 수 있는데, 1단계는 하브루타이고, 2단계는 국보 여행입니다.

단계	내용
Ⅰ. 하브루타	1. 사전 준비 : 국보 선정 및 관람 계획 　　　　　　(관람 가능 여부 확인) 2. 엄마, 아빠의 국보 공부 : 인터넷 및 참고도서 활용 3. 텍스트 읽기 :《하브루타 국보 여행》읽기 4. 하브루타 : 질문 및 대화 나누기, 　　　　　　 더 공부할 내용 확인하기
Ⅱ. 국보여행	5. 국보 여행 떠나기 : 국보 관람하기 6. 관람평 글쓰기

1단계 하브루타를 조금 더 자세히 살펴보면, 먼저 보고 싶은 국보를 선정하고 관람 계획을 세웁니다. 이때 내가 원하는 날짜에 국보를 관람

할 수 있는지 확인해야 하고, 시간과 이동 거리를 줄일 수 있도록 동선을 짭니다. 지역에 가고 싶은 다른 관광지가 있다면, 함께 고려해서 계획을 짜야겠죠? 책 마지막에 지역별 가나다순으로 정리한 전국의 국보 목록을 참고하세요.

아이들과 함께 하브루타를 하기 전에 엄마, 아빠는 약간(?)의 국보 공부를 합니다. 인터넷의 지식백과나《답사 여행의 길잡이》는 바로 검색해서 살펴볼 수 있는데요. 공부를 하다가 궁금한 게 생기면 참고도서를 더 읽어보고요. 이 책의 '국보 맛보기'는 이런 과정을 거쳐 모은 자료입니다. 미리 공부할 시간을 내는 것이 부담스러운 분들을 위해 이 책을 준비했습니다. 이 책에 나와 있는 '국보 맛보기'와 '국보 돋보기'로 시작해 보세요.

이제 아이들과 함께 국보 하브루타를 시작할 시간입니다. 시중에는 국보 또는 국보 여행과 관련한 책들이 제법 많습니다. 대부분 우리에게 잘 알려진 국보들을 선택적으로 소개하는 단행본들인데요. 가족이 함께 읽으면 도움을 받을 수 있죠. 다만, 모든 국보를 소개하고 있지 않은 점이 아쉽습니다.

1단계의 마지막은 질문과 대화 나누기입니다. 국보 여행에 관한 책을 읽고, 궁금한 점을 쓰고 이에 대해 대화를 나누죠. 이때 엄마, 아빠가 미리 공부한 내용이 질문으로 나오면, 바로 대답을 해줄 수도 있습니다. 해결이 안 되는 질문들은 가족이 함께 공부할 거리로 남길 수 있고, 국보 여행을 가서 현장에서 해결할 수도 있죠. 이 책의 '국보 돋보기'는 이 단계의 질문들에 대한 답을 찾아가는 과정에서 나온 글입니다.

공부한 당신, 이제 떠날 시간입니다. 2단계는 국보 여행입니다. 현장에서 꼼꼼하게 안내문을 읽으며, 국보를 관람합니다. '아는 만큼 보인다'는 것을 느낄 수 있는 시간이죠. 국보 관람을 마치고 간단하게 관람평을 쓰는 것도 좋습니다. 읽기-대화하기-글쓰기로 이어지는 확실한 공부법입니다.

이 책은 첫 국보 여행에서 들은 큰딸의 관람평 때문에 시작되었습니다. "엄마, 아빠, 나중에 커서 나도 아이가 생기면 국보 보러 다닐 거예요. 나중에 아빠, 엄마도 함께 다시 다녀요." 거창한 계획이지만, 손주들과 함께 다시 국보 여행을 가려면 기록을 해야겠구나 싶었죠. 공부한 내용을 차곡차곡 쌓아 두었다가 20년쯤 후 다시 여행을 떠날 때 써먹으려 했고요.

앞서 말씀드린 대로 '국보 맛보기'는 해당 국보를 공부하면서 여러 참고문헌을 요약한 내용입니다. '국보 돋보기'는 국보 하브루타를 하면서 생긴 궁금증을 풀어나가면서 정리한 글이고요. 아이들과 함께 국보 하브루타를 하기 전에 엄마, 아빠가 먼저 읽으면 도움이 되리라 생각합니다. 또한 가족과 함께 국보 하브루타를 하면서 이야기 나눌 만한 질문들도 함께 제시했습니다. 이 질문들뿐만 아니라 직접 질문을 만들어 가족들과 함께 대화를 나눠 보세요. 대화의 즐거움과 여행의 즐거움을 동시에 느낄 수 있는 국보 하브루타를 여러분께 추천합니다.

자, 이제 이 책을 읽고 국보 여행을 떠나 볼까요?

1장
수도권

1장

수도권

서울 숭례문

숭례문은 조선시대 도성을 둘러싸고 있던 성곽의 정문으로, 일명 남대문이라고도 하는데, 서울 도성의 사대문 가운데 남쪽에 있기 때문에 붙여진 이름이다. 1398년(태조 7)에 세워졌고, 1962년 12월 20일에 국보 제1호로 지정되었다. 그러나 아쉽게도 2008년 2월 10일 오후 8시 40분쯤에 방화로 인해 발생한 화재로 2층 누각의 90%, 1층 누각의 10% 정도가 소실되었다. 이후 2010년 2월에 숭례문복구공사를 시작한 이래 2013년에 완공되어 시민에게 공개되었다.

국보 1호 서울 숭례문

국보 1호 숭례문은 한양도성의 남문으로 1398년(태조 7)에 세워졌습니다. 숭례문은 한양도성의 정남향이 아니라 서남쪽에 치우쳐 있는데, 정남쪽에는 남산이 자리를 잡고 있어서, 남산과 인왕산이 만나는 지점에 지어졌죠. 한양도성은 북악산, 낙산, 남산, 인왕산을 연결해 약 18km에 이르는 성곽인데, 그 정문이 숭례문입니다.

한양도성의 4대문은 이름을 정할 때 유교의 '인의예지신(仁義禮智信)'을 활용했는데, 남문인 숭례문은 '예(禮)를 품고 있고 예의를 숭상하는 문'이라는 뜻입니다. 흔히 국보 1호인 숭례문을 보물 1호 흥인지문과 비교하는데, '왜 숭례문은 국보이고, 흥인지문은 보물일까?'라는 궁금증 때문일 겁니다.

두 문은 모두 1398년(태조 7)에 처음 세워졌습니다. 숭례문은 여러 차례 고쳐 지었고, 흥인지문은 1869년(고종 6)에 완전히 다시 지었죠. 즉 숭

화재로 불탄 숭례문을 복원하기 위해 석재를 가공하고 있다

례문은 고려에서 조선으로 넘어가던 시기의 건축 양식을 보여주고, 흥인지문은 조선 후기의 건축물이라고 할 수 있으므로 숭례문을 더 높이 평가했던 겁니다.

태조 때 건립된 이후 숭례문은 여러 차례 수리됩니다. 50년 후인 1448년(세종 29)에 첫 번째 보수공사가 있었고, 1479년(성종 10)에도 대대적인 보수공사가 있었고요. 1868년(고종 5)에도 각 성문을 차례로 수리하라는 전교에 따라 수리 공사가 있었을 것으로 보입니다.

1898년(고종 35)에는 숭례문 홍예를 관통하는 전차 선로(종로~용산)가 놓였고, 1904년(고종 41)에 서대문으로 이어지는 또 다른 선로가 숭례문 앞에 놓입니다. 이후 숭례문 구역의 복잡한 교통 상황을 빌미로 숭례문 성곽을 제거하고자 하는 시도가 있었으며, 1907년에 '성벽처리위원회'가 구성되고 1909년에는 마침내 성곽이 철거되고 말았죠. 조선의 수도를 감싸는 한양도성의 성곽이 허물어지게 된 것입니다.

1950년 한국전쟁 때는 문루 2층 2곳, 문루 1층 3곳, 축대 1곳 등이 훼손되면서 1953년에 긴급 보수를 했습니다. 1961년에는 대대적인 해체 수리가 있었고요. 2006년에는 숭례문 남쪽에 광장을 설치하여 일반인들이 숭례문에 접근할 수 있도록 했습니다.

　숭례문의 수난은 이것으로 끝이 아니었습니다. 2008년 2월 10일 설 연휴 마지막 날 밤 토지 보상에 불만은 품은 한 노인이 숭례문에 불을 붙여 큰 피해를 입게 됩니다. 서울에 있는 가장 오래된 목조 건축물이었던 숭례문은 2층 문루의 90%, 1층 문루의 10%를 한 사람의 그릇된 행동으로 인해 잃었습니다. 1984년의 보물 476호 화순 쌍봉사 대웅전 화재와 같은 전소는 피했지만, 이걸 다행이라고 할 수 있을지 모르겠습니다.(이 사람은 2006년 창경궁 문정전에도 불을 질렀습니다. 그때는 다행히 초기에 화재를 진압했지만, 사후 처리가 제대로 이루어졌다면 숭례문의 비극은 없었을까요?)

　2008년 5월에 정부는 숭례문 복구 기본원칙을 세우고 구조 안정성 평가 등 기초 연구를 진행, 2010년 본격적인 복원 공사를 시작합니다. 성곽에 쌓을 돌, 문루 복구에 활용할 목재와 기와 등을 전통 기법으로 제작하고 복구에 활용했으며, 2013년 5월 복원된 숭례문이 일반에 공개되었습니다. 이때 한양도성의 남문이있던 숭례문의 취지를 살려 소실된 문루뿐만 아니라 성곽 일부도 함께 복원했습니다.

한양도성은 어떻게 만들어졌을까요?

조선을 세우고 태조 이성계는 수도 개경을 떠나는 천도를 결심합니다. 계룡산 자락에 자리를 잡기 위해 터를 조성하기도 했고, 서울 무악산 남쪽을 궁궐 자리로 고려하기도 했지만, 결국 지금의 경복궁 자리인 북악산 아래를 새 궁궐터로 결정하게 됩니다.

태조는 먼저 종묘와 사직, 경복궁 등을 건설하도록 명하고, 이들 작업이 어느 정도 마무리된 1395년(태조 4) 9월 도성축조도감을 설치합니다. 정도전은 도성 건축을 위한 기초조사를 끝낸 후 내사산(內四山)인 북악산, 낙산, 남산, 인왕산을 연결하는 성터를 결정하고, 이듬해 정월부터 도성 축조 공사를 시작하는데요. 한양도성은 철저한 건축실명제에 의해 공사가 진행되었습니다. 축성구역을 한 구역당 600척씩 97개 구간으로 나누고, 천자문의 순서에 따라 백악산 동쪽 천자(天字)부터 한 바퀴 빙 둘러 마지막 백악산 서쪽의 조자(弔字)까지 구분했습니다. 그리고 각 공

궁궐을 짓고 성을 쌓아 수도 한양을 완성한다(사적 10호 서울한양도성)

사 구간마다 판사, 부판사 등의 책임관리를 정하고 성벽에 책임자와 책임을 맡은 군(郡)의 이름을 새겼습니다. 전국에서 동원된 11만 8천여 명의 백성들은 군별로 나누어 성을 쌓았습니다. 자신들이 맡았던 도성 구간에 문제가 생기면 책임을 면치 못하게 되니, 공사에 참가한 백성들은 더욱 신경을 쓸 수 밖에 없었을 겁니다.

1396년(태조 5) 가을에는 장정 8만 명을 동원하여 흙으로 쌓았던 부분 중 일부를 돌로 쌓고, 4대문(동쪽의 흥인지문, 서쪽의 돈의문, 남쪽의 숭례문, 북쪽의 숙정문(숙청문))과 4소문(동북의 홍화문(혜화문), 동남의 광희문, 서북의 창의문, 서남의 소덕문)을 완성합니다. 1422년(세종 4)에는 전국에서 32만 2천여 명의 백성을 동원하여 토축 부분을 모두 석축으로 다시 쌓았습니다. 한양도성은 임진왜란 때 왜군에 의해 훼손된 후 1616년(광해군 8)에 부분적 개축이 있었고, 1704년(숙종 30) 5월부터 약 5년에 걸쳐 대대적인 보수공사를 실시했습니다.

한양도성 사진을 보면 구간에 따라 쌓인 돌의 모양이 다른 곳을 발견할 수 있는데요. 크게 보면 태조 때 처음 쌓았을 때는 자연석을 거칠게 다듬어 사용했고, 세종 때는 성돌을 옥수수 모양으로 다듬어 쌓았습니다. 숙종 때는 무너진 구간을 가로, 세로 40~45cm 내외의 네모 모양 돌을 다듬어 쌓았고, 순조 때는 방형의 돌로 쌓되 그 크기가 숙종 때보다 커져 가로, 세로 60cm 정도의 돌을 사용했죠. 또한 숙종 때부터는 이전처럼 도시의 울타리로서 기능하는 도성이 아니라 임진왜란, 병자호란의 양란을 거치면서 방어체제가 가능한 도성으로 성격이 바뀌기도 합니다.

이후 1907년 일제는 내각령 1호로 성벽처리위원회를 설치하고 한양도성을 훼손합니다. 숭례문 좌우성벽 철거를 시작으로 1908년에는 서소문 주변 성곽을 헐었으며, 1915년에는 돈의문을 철거했습니다. 1925년에는 남산에 신궁을 짓고, 동대문운동장을 건설하면서 주변 성곽을 훼손했고요. 이에 더하여 1928년에는 혜화문, 1930년대에는 광희문 주변 성벽이 화를 입었습니다.

서울한양도성은 1963년에 '서울성곽'이라는 이름으로 사적 10호로 지정되었지만, 본격적인 한양도성 복원사업은 1975년에 시작되었습니다. 2012년까지 복원과 정비가 이루어진 구간은 12.8km인데요. 2011년에는 '서울한양도성'으로 이름을 바꾸면서 유네스코 세계유산 등재도 추진하고 있습니다.

유득공의 《경도잡지》에는 '도성을 한 바퀴 빙 돌면서 도성 안팎의 풍경을 구경하는 멋진 놀이'라고 순성놀이를 설명하는 부분이 나옵니다. 1968년 1.21 사태 등 군사적 이유 때문에 막혔던 한양도성길이 1994년 남산 도성길, 1996년 인왕산 구간, 2006년 북악산 구간까지 열리면서, 누구나 총 6개 구간(백악구간, 낙산구간, 흥인지문구간, 남산구산, 숭례문 구간, 인왕산구간)의 한양도성 순례길을 즐길 수 있게 되었습니다. 흥인지문 구간의 시작점에 있는 한양도성박물관도 함께 관람하면 더 좋겠습니다.(서울한양도성 홈페이지에 자세한 구간 정보가 나와 있습니다)

숭례문은 언제 국보 1호가 되었을까요?

우리나라는 언제부터 문화재를 지정했을까요? 정답은 일제강점기입니다. 조금 놀랍죠? 우리 문화재를 일본이 지정하고 관리했다니 말이죠. 1933년 일제는 '조선 보물 고적 명승 천연기념물 보조령'을 공포하고, 그 이듬해인 1934년에 보물 153건, 고적 13건, 천연기념물 3건을 지정했습니다.

그런데, 이상하지 않습니까? 보물만 있고, 국보가 없잖아요. 일본은 나라를 빼앗긴 조선에는 국보급 문화재가 있을 수 없다고 생각했습니다. 우리의 문화재를 자기네 문화재 보다 낮춰 본 거죠. 그래서 보물로만 지정했던 겁니다. 1934년에 지정된 보물 1호는 경성 남대문, 보물 2호는 경성 동대문이었습니다.

그럼, 우리가 직접 문화재를 지정한 것은 언제일까요? 광복을 맞은 1945년? 정답은 1955년입니다. 광복 후 10년이 지나서야 '국보 고적 명승 천연기념물 보존회'를 발족하고 국보 367건, 고적 106건, 고적 및 명승 3건, 천연기념물 116건을 지정했죠. 물론 남한에 있는 문화재를 대상으로 했고요. 이때 지성된 국보 1호는 서울 남대문, 국보 2호는 서울 동대문입니다.

1955년에는 동대문도 국보였네요. 지금처럼 국보와 보물로 나누어 문화재를 지정한 것은 1962년부터입니다. 1962년에 문화재보호법을 제정하고 국보 1호는 서울 남대문, 보물 1호는 서울 동대문으로 지정했죠. 1997년에는 일제강점기에 지정된 문화재들을 검토하면서, 원래 이름이었던 숭례문과 흥인지문이라는 명칭을 되찾았고요.

국보 1호 서울 숭례문과 보물 1호 서울 흥인지문을 통해 문화재 지정의 역사를 정리해볼까요?

지정 연도	숭례문	흥인지문
1934년	보물 1호 경성 남대문	보물 2호 경성 동대문
1955년	국보 1호 서울 남대문	국보 2호 서울 동대문
1962년	국보 1호 서울 남대문	보물 1호 서울 동대문
1997년	국보 1호 서울 숭례문	보물 1호 서울 흥인지문

서울 숭례문은 국보 1호의 자격이 있을까요?

숭례문이 화재로 피해를 입기 전에도 국보 1호를 교체해야 한다는 주장이 여러 차례 제기되었습니다. 숭례문보다 역사적 가치가 높은 훈민정음이나 석굴암 등을 국보 1호로 삼아야 한다는 것이었죠. 그러나 문화재청은 국보의 지정번호는 문화재의 가치에 따른 것이 아니라 관리번호에 불과하므로 국보 1호를 변경하지 않았습니다. 2008년 화재 이후에도 문화재청은 숭례문의 국보 자격을 유지하고 있죠. 서울 숭례문은 국보 1호를 유지해야 할까요? 아니면 다른 문화재로 국보 1호를 교체해야 할까요? 가족과 함께 이야기를 나눠 보세요.

숭례문 현판 글씨는 누가 썼을까요?

한양도성의 다른 문들과 달리 숭례문의 현판은 세로로 쓰여 있습니다. 남쪽에 있는 관악산의 화기를 누르기 위해 세로로 현판을 썼다고 전해지는데요. 현판은 세로 3.5m, 가로 1.5m로 무게가 150kg에 달합니다. 숭례문 화재 때는 현판이 10여 미터 아래로 떨어지면서 아찔한 장면을 연출하기도 했죠. 화재에도 불구하고 현판의 글씨 부분은 살아 남았지만 복원이 필요했습니다. 양녕대군의 후손인 이승보는 150여 년 전에 숭례문 현판을 탁본하여 서울 상도동에 있는 양녕대군 사당인 지덕사에 보관했습니다. 숭례문 현판을 복원할 때 이 탁본을 활용했고요. 그런데 누가 숭례문 현판 글씨를 썼는지에 대한 기록을 살펴보면, 의견이 하나로 모이지 않았음을 알 수 있습니다. 누가 숭례문 현판 글씨를 썼을까요? 다음의 기록들을 읽고, 가족과 이야기를 나눠 보세요.

"한양 정남쪽 문을 숭례문이라고 하는데, 양녕대군이 현판 글씨를 썼으며 민간에서는 남대문이라 부른다."

– 이수광(1563~1628)《지봉유설》, 이긍익(1736~1806)《연려실기술》

"숭례문이라는 이름은 삼봉 정도전이 지은 것이요, 그 편액은 세상에 전하기를 양녕대군의 글씨라 하지만 사실은 정난종이 쓴 것이다."

– 이규경(1788~1856)《오주연문장전산고》

"숭례문 편액은 곧 신장의 글씨로 깊이 뼛속까지 치고 들어갔고…"

– 김정희(1786~1856)《완당전집》제7권

"숭례문 글씨는 신장 혹은 양녕대군의 글씨라고 전해왔는데 숙종 때 문을 수리하다 보니 대들보에 유진동의 글씨라고 적혀 있어 이제까지 구전으로 전한 것이 거짓임을 알게 되었다."

– 남태응(1687~1740)《청죽만록》

가족과 함께 이야기 나누고 싶은 질문들을 적어보세요

종묘

유교에서는 인간이 죽으면 혼(魂)과 백(魄)으로 분리된다고 생각했다. 그래서 하늘로 올라가는 '혼'을 위해서 사당을 만들고, 땅으로 돌아가는 '백'을 위해서 무덤을 만들었다. 서울시 종로구에 있는 종묘는 조선 시대 역대 왕과 왕비의 신위를 봉안한 사당이다. 오늘날 종묘 정전은 신위를 모신 신실 19칸과 좌우 2칸씩의 협실로 이루어져 있다. 1395년(태조 4)에 처음 지었을 때는 7칸이었지만, 왕조가 이어짐에 따라 모셔야 할 신위가 많아져서 건물이 점점 커졌다.

국보 227호 종묘 정전

　종묘는 조선의 역대 왕과 왕비의 신위를 모신 사당입니다. 유교 경전 중 하나인《주례》에는 궁궐 좌우에 종묘와 사직을 조성하게 되어 있는데, 이를 '좌묘우사(左廟右社)'라고 하죠. '종묘'는 왕의 선조들을 모신 사당이고, 사직단은 토지의 신 '사(社)'와 곡식의 신 '직(稷)'을 받드는 제단입니다.

　"서양에 파르테논 신전이 있다면 동양엔 종묘가 있다."
　"이같이 장엄한 공간은 세계 어디서도 찾기 힘들다. 비슷한 느낌을 받았던 곳을 굳이 말하라면 파르테논 신전 정도일까?"
　"(외국인들이 종묘를 보고 감동한 것은) 파르테논 같은 외관의 장중함이었을 게다. 그러나 종묘 정전의 본질은 정전 자체의 시각적 아름다움에 있지 않다. 바로 정전 앞 비운 공간이 주는 비물질의 아름다움에 있다. 굳이 비교

종묘는 조선의 역대 왕과 왕비의 신위를 모신 사당이다(국보 227호 종묘 정전)

하자면 가없이 넓은 사막의 고요나 천지창조 전의 침묵과 비교해야 한다."

일본 건축가 시라이 세이이치와 미국 건축가 프랭크 게리는 종묘를 그리스 아테네의 파르테논 신전에 비유했습니다. 이에 비해 건축가 승효상은 정전 앞 빈 공간의 아름다움을 말했습니다.

태조는 조선을 건국하고, 그의 4대조(목조, 익조, 도조, 환조)까지 신위를 정전에 모셨습니다. 태조가 세상을 떠난 후 정전의 신실 5칸이 다 찼고, 세종 원년에는 정종이 승하하면서 자리가 부족해집니다. 원칙대로라면 목조의 신위를 빼서 땅에 묻고 정종의 신위를 모시면 되는데, 당시 상왕이었던 태종은 영녕전(보물 821호)을 새로 지어 목조의 신위를 모시고 정종의 신위를 정전에 모십니다. 이렇게 신위를 옮기는 것을 '조천'이라 하는데요. 공덕이 많은 왕의 신위는 옮기지 않는 '불천위'를 하면서 정전의 자리는 더욱 부족해집니다. 조선을 세운 태조뿐만 아니라 태종, 세종 등을 연이어 불천위하면서 명종 때는 11칸으로 정전을 확장해야 했죠.

현재의 정전은 임진왜란 때 불탄 후 복원한 것이며, 이후에도 필요에 따라 계속 확장했습니다. 지금은 정전에 19분의 왕(왕비까지 49위)이 모셔져 있고, 영녕전에는 16분의 왕(왕비까지 34위)을 모셨습니다. 조선의 왕은 모두 27명인데, 35분을 모신 이유는 태조의 선조 4대조와 사도세자(장조), 효명세자(문조)처럼 추존왕이 9명이고, 의민황태자(영친왕)도 모셨기 때문입니다. 거기에 왕의 자리에서 내쫓긴 2명의 왕, 연산군과 광해군은 종묘에 모셔져 있지 않으므로 35분의 신위를 모신거죠. 왕비의 경우는 원비를 이은 계비까지 함께 모셔져 있어서 숫자가 더 많고요.

국보 227호 종묘 정전은 가로 109m, 세로 69m의 넓은 월대 위에 자리 잡고 있습니다. 정전의 가로 길이만도 101m나 되는데, 이는 우리나라 목조 건물 중 가장 긴 것이죠. 정전은 선조들에게 제사를 지내는 신성한 공간이었기 때문에 단청이나 조각 같은 장식적 요소를 배제하여 엄숙한 분위기를 조성했습니다.

건물의 권위를 보여주는 월대도 2단인데, 하월대에는 왕과 왕비의 혼령만 지날 수 있는 신로가 나 있죠. 정전으로 통하는 세 개의 문 중, 남문은 혼령들이 다니는 문이고, 동문은 왕, 세자, 종친, 신하 등이 이용했으며, 서문은 제례 음악과 무용을 담당했던 악공들이 출입했습니다. 남문 옆의 공신당에는 83명의 대신이 배향되어 있는데, 왕마다 적게는 2명, 많게는 7명까지 모셔져 있습니다. 남문 서쪽으로는 칠사당이 있어천지자연을 관장하는 일곱 신에게 제사를 지냈고요. 이 외에도 종묘 제례에 사용할 음식을 만들었던 진사청, 왕과 세자가 제례를 준비했던 재궁(어숙실), 향대청, 망묘루 등의 건물이 있습니다.

조선의 종묘에 고려 공민왕과 그의 부인 노국대장공주의 영정을 모신 신당이 있다는 점도 재밌죠. 태조 이성계는 고려 말 자신을 발탁해준 공민왕의 자주정신을 기리기 위해 신당을 마련했다고 합니다.

종묘제례와 종묘제례악이 뭐죠?

종묘는 1995년에 우리나라에서 처음으로 유네스코 세계문화유산에 등재된 문화재 중 하나입니다. 2001년에는 종묘제례와 종묘제례악이 우리나라 무형유산 중에서 가장 먼저 유네스코 세계무형유산에 등재되었죠. 특히 중국, 대만, 일본, 베트남과 같은 유교권 국가들도 종묘제례의 전통이 전해지고 있지 않아 우리의 종묘제례를 배워가고 있습니다.

종묘제례는 조선 시대 역대 왕과 왕비의 신위를 모셔 놓은 사당인 종묘에서 지내는 제사입니다. 조선왕조의 가장 큰 제사이기 때문에 '종묘대제(宗廟大祭)'라고도 부르죠. 조선 시대에는 매년 다섯 차례(봄, 여름, 가을, 겨울, 섣달(12월)) 종묘에서 대제를 지냈는데, 지금은 두 차례(5월 첫째 일요일, 11월 첫째 토요일)만 종묘제례를 지냅니다.

성종 때 편찬한《국조오례의》에는 왕실의 기본 예식과 의식절차가 규정되어 있는데, 종묘제례는 오례 중 길례(吉禮)에 포함되어 있습니다. 조상을 만나는 기쁜 행사이기 때문에 길례라고 했고, 그렇기 때문에 종묘제례는 음악과 노래, 그리고 춤이 한데 어우러집니다.

종묘제례의 절차는 크게 3단계로 구분할 수 있습니다. 먼저 제례를 준비하는 단계입니다. 제례 일주일 전부터 심신을 깨끗이 하고(재계), 사흘 전에 제기(祭器)를 차립니다.(진설) 하루 전날 왕은 궁궐을 떠나 종묘로 향하며(거가출궁), 종묘에 도착한 왕은 제사의 사전 준비 과정을 살펴봅니다.(성생기)

다음은 제례의 본 행사입니다. 조상신을 맞이하는 영신례부터 '새벽에 신이 내려오도록 하는 의식'인 신관례를 치르고, 예물과 음식을 올리는 전폐례와 진찬례를 거칩니다. 다음은 술잔을 세 차례 올리는 초헌례, 아헌례, 종헌례를 거행합니다. 왕이 초헌례, 세자가 아헌례, 영의정이 종헌례 때 술잔을 올리면 본 행사가 마무리됩니다. 제례의 마지막은 술과 음식을 나누어 먹는 음복례, 제례 음식을 정리하는 철변두, 조상신을 돌려보내는 송신례와 축문을 태우는 망료례의 순서로 진행합니다.

종묘제례를 올리면서 연주하는 음악이 종묘제례악입니다. 유교에서 예(禮)와 악(樂)은 떨어질 수 없는 하나이며, 종묘제례와 종묘제례악은 이를 보여주는 좋은 본보기죠. 《조선왕조실록》 세종 7년(1425) 10월 15일 기사에는 다음과 같은 내용이 있습니다.

"우리나라는 본디 향악(鄕樂)에 익숙한데, 종묘의 제사에 당악(唐樂)을 먼저 연주하고 삼헌(三獻)할 때에 이르러서야 겨우 향악을 연주하니, 조상 어른들이 생시에 들으시던 음악을 쓰는 것이 어떨지, 그것을 맹사성과 더불어 상의하라."

세종은 조상께 올리는 종묘제례에 평소에 듣던 우리 음악이 아니라 중국 음악을 연주하는 현실을 안타까워했죠. 그래서 새로운 음악을 직접 만들었는데, 이 과정이 실록 세종 31년(1449) 12월 11일 기사에 나옵니다.

"임금은 음률을 깊이 깨닫고 계셨다. 신악(新樂)의 절주(節奏)는 모두 임금이 제정하였는데, 막대기를 짚고 땅을 치는 것으로 음절을 삼아 하루저녁에 제정하였다. 수양대군 이유(李瑈) 역시 성악(聲樂)에 통하였으므로, 명하여 그 일을 관장하도록 하니, 기생 수십 인을 데리고 가끔 금중(禁中)에서 이를 익혔다."

종묘제례악의 절차

절차	음악의 이름	구성곡	악대	춤의 이름
영신례	보태평지악	희문	헌가	보태평지무
전폐례	보태평지악	희문	등가	보태평지무
진찬례	풍안지악		헌가	–
초헌례	보태평지악	희문, 기명, 귀인, 형가, 집녕, 융화, 현미, 용광정면, 중광, 대유, 역성	등가	보태평지무
아헌례	정대업지악	소무, 독경, 탁정, 선위, 신정, 분웅, 순응, 총유(총수), 정세, 혁정, 영관	헌가	정대업지무
종헌례	–		–	–
음복례	옹안지악		등가	
철변두	흥안지악		헌가	
송신례	–		–	–
망료례				

종묘제례악 〈보태평〉과 〈정대업〉 등은 세종이 이때 만든 것입니다. 보태평은 '태평성대를 이룬다'는 뜻으로 문덕(文德)을 칭송한 것이고, 정대업은 '대업을 안정시켰다'는 의미로 무공(武功)을 찬양한 것이죠. 즉 태조의 네 선조와 태조, 태종의 공을 칭송하는 음악을 만든 것입니다. 하지만 세종이 작곡한 〈정대업〉과 〈보태평〉 등은 세종 때는 제례에 쓰이지 못했고, 수양대군 세조가 왕위에 올랐을 때부터 제례 음악으로 활용했습니다.

종묘제례의 각 절차별 음악과 춤은 앞의 표와 같습니다. 음악과 춤을 함께 이야기할 때는 보태평과 정대업이라고 하는데, 음악과 춤을 구분할 때는 음악은 보태평지악, 정대업지악, 춤은 보태평지무, 정대업지무라고 하죠.

등가과 헌가는 각각 종묘 정전의 상월대와 하월대에 자리하는 악대를 말하는데요. 이 두 악대가 음악을 번갈아 가며 연주합니다. 상월대의 등가는 하늘을 의미하고, 하월대의 헌가는 땅을 상징합니다. 종묘제례의 과정에서 하늘과 땅이 서로 조화를 이룬다는 의미가 담겨 있죠.

정전과 영녕전에는 어떤 왕들을 모셨을까요?

태조는 1395년(태조 4) 12월에 경복궁에 들었지만, 종묘 정전은 같은 해 9월에 신실 5칸과 양쪽에 익실을 더한 7칸 건물로 먼저 완성되었습니다. 15년 후에는 태종이 월랑을 달아 지금의 ㄷ자 형태인 정전의 뼈대를 잡았고요. 태종은 승하한 정종을 정전에 모시면서, 신실 4칸과 양쪽 익실을 합쳐 총 6칸 건물로 영녕전을 건립하고 목조의 신위를 모셨습니다. 세월이 흐르면서 정전과 영녕전의 신실은 자리가 모자라게 됩니다.

태조, 태종, 세종 등 불천위 왕이 늘면서 명종 때는 정전의 신실을 4칸 늘려 11칸 건물로 확장합니다.

임진왜란 후 광해군은 원래의 크기인 신실 11칸 규모로 정전을 복원했고, 영녕전은 10칸 규모로 확장하여 중건했습니다. 이후의 증축 현황을 살펴보면, 현종 때 영녕전 좌우에 익실 1칸씩을 증축했고, 영조 때는 정전 4칸을 더했습니다. 헌종 때는 정전에 4칸을 더해 모두 19칸이 되었고, 영녕전은 좌우 각각 2칸씩을 늘려서 16칸이 되었죠. 신기하게도 헌종 때의 마지막 증축으로 정전의 마지막 신실에 순종을 모시고, 영녕전의 마지막 신실에 영친왕을 모시면서 조선왕조는 끝을 맺습니다. 더이상 신실이 필요하지 않게 된 거죠.

그럼, 정전과 영녕전에는 어떤 왕들을 모셨을까요?

종묘 정전 신위

1	태조고황제 신의고황후 신덕고황후	11	숙종대왕 인경왕후 인현왕후 인원왕후
2	태종대왕 원경왕후	12	영조대왕 정성왕후 정순왕후
3	세종대왕 소헌왕후	13	정조선황제 효의선황후
4	세조대왕 정희왕후	14	순조숙황제 순원숙황후
5	성종대왕 공혜왕후	15	문조익황제 신정익황후
6	중종대왕 단경왕후 장경왕후 문정왕후	16	헌종성황제 효현성황후 효정성황후
7	선조대왕 의인왕후 인목왕후	17	철종장황제 철인장황후
8	인조대왕 인렬왕후 장렬왕후	18	고종태황제 명성태황후
9	효종대왕 인선왕후	19	순종효황제 순명효황후 순정효황후
10	현종대왕 명성왕후		

먼저 정전을 살펴보면, 조선의 건국과 발전에 공이 많고 재위 기간이 비교적 긴 왕들이 모셔져 있습니다. 임진왜란과 병자호란의 환란에 제대로 대처하지 못한 선조와 인조도 정전에 모셔져 있죠. 영녕전에는 사후 추존된 왕들이나 재위 기간이 짧은 왕들이 주로 모셔져 있고요. 추존왕 중에는 문조익황제(효명세자)가 유일하게 정전에 모셔져 있는 것이 눈에 띕니다. 왕후들은 대부분 한 분씩 신위를 모셨는데, 태조나 선조처럼 두 분의 왕비를 모시기도 하고 중종과 숙종처럼 세 왕후를 함께 모시기도 합니다. 이는 앞선 왕비가 세상을 떠난 후 뒤를 이은 계비들도 신위를 함께 모셨기 때문이죠.

종묘 영녕전 신위

1	목조대왕 효공왕후	9	예종대왕 장순왕후 안순왕후
2	익조대왕 정숙왕후	10	인종대왕 인성왕후
3	도조대왕 경순왕후	11	명종대왕 인순왕후
4	환조대왕 의혜왕후	12	원종대왕 인헌왕후
5	정종대왕 정안왕후	13	경종대왕 단의왕후 선의왕후
6	문종대왕 현덕왕후	14	진종소황제 효순소황후
7	단종대왕 정순왕후	15	장조의황제 헌경의황후
8	덕종대왕 소혜왕후	16	의민황태자 의민태자비

그리고, 조선을 건국한 태조를 비롯해 정조, 순조 등 황제로 추존된 왕들이 있는데요. 이는 고종이 구한말에 대한제국을 선포하면서 건국 시조인 태조와 함께 고종의 4대조까지 황제로 추존했기 때문입니다. 철종이 승하하고 보위를 이을 왕손이 없었던 상황에서 조대비(신정왕후)는

영녕전에는 조선시대 단명했던 왕이나 국가에 공이 없는 왕의 신위를 모시고 있다

흥선대원군의 둘째 아들(고종)을 남편인 문조(효명세자)의 양자로 받아들여 왕위를 잇도록 했죠. 그래서 문조(효명세자)의 아버지 순조와 할아버지 정조, 증조할아버지 장조(사도세자)까지 4대조를 황제로 추존했습니다. 태조가 조선을 건국하면서 4대조까지 왕으로 추존했던 것과 마찬가지죠. 순종 때는 그 사이에 있는 헌종과 철종, 그리고 사도세자의 형이자 정조의 양아버지인 진종(효장세자)까지 황제로 추존했습니다.

조선왕조실록을 남기지 못한 추존왕들에 대해 조금 더 알아볼까요? 태조가 건국하면서 4대조까지 목조, 익조, 도조, 환조를 추존했다는 것은 앞서 이야기했습니다. 다음으로 추존된 왕은 덕종(의경세자)입니다. 의경세자는 세조의 큰아들로 1455년(세조 1)에 세자로 책봉되었지만, 20세 때 아버지보다 먼저 세상을 떠나면서 왕위에는 오르지 못합니다. 하지만 아들 성종이 예종의 뒤를 이으면서 1471년(성종 2)에 덕종으로 추존되었습니다. 다음은 원종(정원군)입니다. 정원군은 선조의 아들이며, 인조반정으로 왕위에 오른 인조의 아버지입니다. 인조는 정원군을 먼저 대원군으로 추존했다가 후에 원종으로 추존합니다. 정원군은 세자가 아니었으면서도 왕으로 추존된 유일한 인물입니다.

진종(효장세자)과 장조(사도세자)는 모두 영조의 아들입니다. 효장세자가 첫째, 사도세자가 둘째죠. 효장세자는 1724년(영조 2)에 세자로 책봉되었으나 10살 때 죽었고, 둘째인 사도세자가 1736년(영조 12)에 2살의 어린 나이로 세자가 되었습니다. 어려서는 영특한 자질 때문에 아버지 영조의 기대를 받았지만, 장성한 후에 아버지와 불화한 나머지 왕명에 의해 뒤주에 갇혀 죽었죠. 훗날 사도세자의 아들이자 정조가 영조의 왕위를 물려받았는데요. 영조는 손자 정조를 죄인 사도세자의 아들로 둘 수 없었기 때문에, 형인 효장세자의 아들로 입적하고 왕위를 물려줍니다. 그래서 효장세자는 정조 즉위년에 진종으로 추존되었고, 사도세자는 한참 지나 고종 때 장조로 추존됩니다.

마지막으로 문조(효명세자)는 순조의 아들이며 헌종의 아버지이기도 합니다. 순조의 명으로 대리청정을 하며 정치적 역량을 펼쳤지만, 22세 때 세상을 떠났습니다. 아들 헌종이 보위에 오르면서 익종으로 추존했고, 양자로 입양된 고종이 대한제국을 선포하면서 문조익황제로 추존했습니다.

내가 뽑은 불천위 왕 Best 5

　종묘 정전에는 태조부터 순종까지 19분의 왕이 모셔져 있습니다. 공덕이 많은 왕들을 불천위하면서 정전의 규모가 커졌는데요. 어떤 왕들은 공덕이 그리 많아 보이지 않네요. '내가 뽑는 불천위 왕 BEST 5'를 주제로 가족과 함께 이야기를 나눠 보세요. 최고의 조선 왕도 꼽아보면 어떨까요?

가족과 함께 이야기 나누고 싶은 질문들을 적어보세요

국립중앙박물관

국립중앙박물관은 우리나라 대표 박물관으로 60점 가까운 국보를 소장하고 있다. 1909년 11월 창경궁 제실 박물관이 개관한다. 1910년 나라를 빼앗기고 1915년에는 조선총독부 박물관이 개관했으며, 광복 후 1945년 12월에 조선총독부 박물관을 국립박물관으로 개칭한다. 한국전쟁 때 잠시 부산으로 이동했던 국립박물관은 전쟁이 끝나고 1953년에 경복궁으로 이전했으며, 1954년에는 남산분관으로, 1955년에는 덕수궁 석조전으로 옮겼다. 1972년 국립중앙박물관으로 이름을 바꾸며, 지금의 국립민속박물관 자리로 이전했다. 1986년 옛 조선총독부 건물이었던 중앙청 자리로 옮겼는데, 조선총독부 건물을 철거하면서 1996년 지금의 국립고궁박물관으로 이전했다. 그리고 2005년 국립중앙박물관은 용산 시대를 열게 된다.

국보 78호, 83호 금동 미륵보살 반가사유상

용산에 자리 잡은 지금의 국립중앙박물관은 2005년 10월에 개관했는데요. 상설 전시되는 국보는 그때그때 다르므로, 미리 확인하고 관람하는 것이 좋죠. 국립중앙박물관의 국보 중에서 짝꿍이 있는 국보를 위주로 맛보기를 해볼까요?

국보 해외 전시가 있을 때마다 빠지지 않고 포함되는 우리나라 대표 문화재. 국보에 대해 별로 관심이 없는 사람들도 어디선가 한두 번쯤은 봤을 국보 78호, 국보 83호 금동 미륵보살 반가사유상. 두 작품의 자세는 똑같은 반가사유상이지만 세부적인 특징은 다른 점이 많으니 비교해서 살펴보면 좋겠습니다. 두 작품 모두 부처님의 미소가 관람 포인트이고요.

가부좌는 흔히 '양반다리' 또는 '아빠 다리'라고 부르는데요. '반가'는 '반'만 '가부좌'로 앉았다는 뜻으로, 국보 78호와 83호 반가사유상은 오

국보 78호 금동 미륵보살 반가사유상   국보 83호 금동 미륵보살 반가사유상

른발을 왼쪽 다리에 올려놓고 있습니다. 국보 78호는 1912년에 일본인
이 입수하여 조선총독부에 기증했고, 83호의 삼산관에 비해 화려한 관
을 쓰고 있습니다. 1963년에는 방사선 투과법으로 78호를 촬영했는데,
내부의 결함이나 고친 흔적이 전혀 없었죠. 78호 금동 미륵보살 반가사
유상은 한국적 보살상을 성공적으로 완성 시킨 작품이라는 평가를 받으
며, 6세기 중엽 또는 후반의 신라 작품이라는 게 통설입니다. 고구려의
작품으로 봐야 한다는 견해도 있습니다.

  국보 83호는 1910년대에 경주 오릉 부근에서 발견되었다고 전해지
다가, 황수영 전 국립중앙박물관장이 경주 내남면 남산 서쪽 기슭의 사

찰에서 발견되었다고 밝힌 바 있습니다. 78호보다 후대인 7세기 전반의 작품으로 추정하며, 백제 제작설과 신라 제작설이 팽팽히 맞서고 있죠. 국보 83호 금동 미륵보살 반가사유상은 깨달음을 얻은 싯다르타의 잔잔한 미소뿐만 아니라 옷 주름, 손가락, 발가락 등이 세밀하고 정교하게 표현되어 있습니다. 머리 뒤쪽에는 광배가 달려있었을 것으로 짐작되는 꼭지가 있는데 광배와 함께 있었다면 어떤 모습일까 상상하게 됩니다. 그리고 그 광배에 제작 시기, 장소 등의 기록이 담겨 있었다면 더 좋았겠죠. 국립중앙박물관은 한동안 두 불상을 함께 전시하기도 했는데요. 현재는 두 반가사유상을 번갈아 전시할 계획이라니 한 번에 두 작품 모두를 감상하기는 어렵겠습니다.

국보 91호 도기 기마인물형 명기

 도기 기마인물형 명기는 일제강점기인 1924년에 발굴되었습니다. 국보 91호는 한 쌍인데, 주인과 하인이 각각 말을 탄 모습이며, 술 등을

국보 91호 도기 기마인물형 명기

담았던 주전자입니다. 말 엉덩이 부분에 술을 담을 때 사용하는 깔때기가 있고, 말머리 바로 아래에 술을 따르는 꼭지가 있습니다. 이 기마인물상을 통해 당시 신라 사람들의 의복, 말갖춤 등을 파악할 수 있습니다.

도기 기마인물형 명기가 발굴된 금령총은 우리에게 잘 알려진 금관총, 황남대총, 천마총 등 대형 무덤 사이에 있었습니다. 발굴된 부장품 중 금관에 금방울이 달려있어서 '금령총'이라 불리죠. 1920년 금관총에서 금관이 발견되면서 주변에 있던 두 개의 훼손된 봉분도 발굴하는데, 그중 하나가 금령총이었습니다. 금령총에서는 금관총에 이어 두 번째로 금관이 발굴되었을 뿐만 아니라, 도기 기마인물형 명기, 금귀고리, 금허리띠 등이 발견되었습니다.

국보 275호 도기 기마인물형 뿔잔

국보 275호 도기 기마인물형 뿔잔은 국보 91호 도기 기마인물형 명기와 쌍벽을 이루는 작품으로 평가받습니다. 국보 275호는 가야의 작품, 국보 91호는 신라의 작품으로 두 나라를 대표하는 도기라고 할 수 있죠. 하지만 국보 275호는 1970년대까지 대다수의 전문가가 가짜라고 판단했습니다. 5세기 작품이라기에는 보존 상태가 너무 좋고, 출토 경위가 명확하지 않았기 때문이죠.

국은 이양선은 서울의 한 화랑에서 국보 275호를 사들입니다. 그리고 그동안 수집한 666점의 문화재를 국립경주박물관에 기증하죠. 당시 국립경주박물관 관장이었던 한병삼은 도기 기마인물형 뿔잔이 진품임을 확신하고 문화재위원회 위원들을 설득합니다. 이러한 노력 끝에 도기 기마인물형 뿔잔은 국보로 지정될 수 있었죠.

도기 기마인물형 뿔잔은 높이 23.3cm, 폭 14.7cm, 길이 13.1cm 입니다. 굽다리 형태의 받침대 위에 직사각형의 판이 있고, 그 위에 말을 타고 방패를 든 인물이 올려져 있죠. 인물 뒤로는 뿔 모양의 각배가 좌우로 세워져 있고요.

국보 275호 도기 기마인물형 뿔잔

가야에 대한 기록과 문화재가 많지 않은 상황에서 국보 275호는 '철의 왕국' 가야의 모습을 생생하게 전해줍니다. 토기의 전사가 투구, 갑옷, 목 가리개 등 철기로 몸을 두르고 있을 뿐만 아니라, 말의 갑옷도 철로 만들어 둘렀죠. 실제로 우리나라에서 발굴된 철갑옷의 90% 이상(70여 벌)이 가야 지역에서 발굴되기도 했습니다. 도기 기마인물형 뿔잔에는 가야의 뛰어난 철 기술이 매우 사실적으로 묘사되어 있습니다.

국보 86호 개성 경천사지 십층석탑
국보 2호 서울 원각사지 십층석탑

제작 시기는 다르지만 마치 쌍둥이처럼 닮은 두 탑이 있습니다. 바로 국보 2호 서울 원각사지 십층석탑과 국보 86호 개성 경천사지 십층석탑입니다. 국보 지정 번호는 원각사지 십층석탑이 앞이지만, 제작 순서는 반대입니다. 경천사지 십층석탑은 고려 충목왕 때, 원각사지 십층석탑은

국보 86호 개성 경천사지 십층석탑

국보 2호 서울 원각사지 십층석탑

조선 세조 때 만들어졌기 때문입니다.

우리나라 탑들은 거의 모두 홀수층으로 구성되어 있습니다. 삼층탑, 오층탑, 칠층탑, 구층탑은 흔하지만, 짝수로 이루어진 탑은 거의 없죠. 이는 불교 교리와는 상관없이 동양의 음양오행 사상이 반영된 것입니다. 홀수는 양(陽)의 수로서 귀하고 길하며 복을 가져오는 수거든요.

그렇다면 경천사지 십층석탑과 원각사지 십층석탑은 어떻게 설명할 수 있을까요? 두 석탑은 '10층'이 아니라, '3층'과 '7층'을 더한 것입니다. '아(亞)'자형의 아랫부분 3층과 일반형 석탑 7층을 합해서 10층이 된 것입니다.

1348년(충목왕 4)에 세워진 국보 86호 개성 경천사지 십층석탑은 대리석으로 만들었습니다. "대화엄 경천사에서 1348년 3월 세워졌고 발원자는 중대광 진녕부원군 강융, 원사 고용보, 대화주 성공, 법산인 육이이다. 황제와 황후, 황태자의 안녕을 기원하면서 조성하였다"는 명문이 1층 탑신석에 새겨져 있는데요. 이는 경천사지 십층석탑이 원 간섭기에 원나라의 황제와 황후, 황태자를 위해 세워졌음을 알게 해줍니다. 특히 여기에 등장하는 원나라의 황후는 원나라에 공녀로 끌려갔다가 황후의 자리까지 오르는 입지전적인 인물인 기황후를 말합니다.

국보 86호는 조각이 많이 훼손되었고, 대리석의 색도 많이 거뭇해져서 안타까운 마음이 듭니다. 이 탑은 1907년 일본 궁내대신 다나카가 일본으로 밀반출했다가, 영국 언론인 베델과 미국 언론인 헐버트 등의 노력으로 1918년에 반환되었습니다. 1960년에 경복궁에 복원되었지만 보존상의 문제로 국립문화재연구소에서 보존처리를 한 후, 2005년에 국립중앙박물관 개관과 함께 다시 전시했습니다.

국립중앙박물관 홀에 전시되어 있기 때문에 경천사 십층석탑은 1층뿐만 아니라 2층, 3층에서도 즐길 수 있습니다. 2, 3층으로 올라가면 1층에서 볼 때 보다 소위 '백탑'의 느낌을 더 느낄 수 있고, 탑신부 지붕의 정교한 조각도 잘 볼 수 있죠. 1층에서 보면 훼손된 부분이 많아 안타까운 마음이 큰데, 2, 3층에서는 탑의 아름다움을 보다 깊게 감상할 수 있습니다.

국보 2호 원각사지 십층석탑은 고려 충목왕 때의 경천사지 십층석탑을 본떠서 조선 세조 때 만들어졌습니다. 세조의 불심이 깊어서 한양도성 안에 원각사를 중창하고 석탑을 조성했죠. 석탑은 지금도 자리를 지키고 있지만, 원각사는 그리 오래가지 못했습니다. 연산군 때 절을 허물고 장악원을 세웠으며, 중종 반정 후에는 공신들이 원각사 터에 자신들의 집을 건축하면서 원각사는 사라졌죠. 박지원을 중심으로 박제가, 유득공, 이덕무 등의 조선 후기 지식인 집단을 '백탑파'라고 부르는데, 이 '백탑'이 바로 원각사지 십층석탑입니다. 박지원의 집이 원각사지 십층석탑 가까이에 있었다고 하네요. 원각사지 십층석탑은 경천사 십층석탑처럼 군데군데 거뭇한 부분이 많고 훼손된 조각들도 있지만, 대체로 원각사지 십층석탑의 보존 상태가 더 좋습니다.

경천사지 십층석탑의 기단부는 통째로 교체된 걸로 보이는 돌도 있지만, 원각사지 십층석탑은 기단부에도 정교한 조각이 많이 남아 있고요. 아무래도 경천사 탑에 비해 후대에 조성되었고, 일본으로 밀반출되는 등 우여곡절을 덜 겪어서 그런 것으로 보입니다.

현재 원각사지 십층석탑은 유리보호각 안에 전시 중인데요. 탑이 대리석으로 만들어져서 산성비의 피해를 입기 쉽고, 대기오염과 새들의 배설물로부터 보호하기 위해서입니다. 원각사지 십층석탑이 있는 탑골공원에는 1919년 3.1 운동 당시 독립선언서를 낭독한 팔각정도 남아 있으니, 함께 관람하면 좋겠습니다.

불상과 보살상의 차이점은 뭘까요?

석가모니가 열반한 후에는 석가모니의 사리를 모신 탑이 예배의 대상이었습니다. 그러다가 1세기 무렵부터 인도 북부 지역에서 불상이 조성되기 시작했는데, 불상은 예배의 대상으로서 부처님의 모습을 그림이나 조각 등으로 표현한 것이죠. 초기에는 주로 석가모니불이 조성되었지만, 불교의 교리가 발전하면서 예배의 대상으로 다양한 종류의 부처를 만들었습니다.

불상을 먼저 살펴보면, 대표적인 불상에는 석가불, 아미타불, 비로자나불, 약사불, 미륵불 등이 있습니다. 먼저 석가불은 깨달음을 얻은 석가모니를 형상화한 불상이며, 모셔져 있는 전각은 대웅전입니다. 수인(부처나 보살의 깨달음의 내용이나 활동을 양쪽 손가락으로 나타내는 표시나 보양)은 주로 선정인이나 항마촉지인을 하고 있죠. 선정인은 석가모니가 보리수 아래 금강대좌에 앉아 깊은 생각에 잠겨 있을 때 취했던 손 모양입니다. 항마촉지인은 석가모니가 깨달음에 이르기 직전 악마의 유혹을 물리쳤다는 증거로서 땅의 신을 가리키는 모습이죠. 이외에도 부처가 자비를 베풀고 중생의 소원을 들어준다는 시무외여원인(통인)을 취하기도 하고요.

아미타불은 사극에서 스님들이 흔히 하는 주문인 '나무아미타불 관세음보살'에 등장하는 부처입니다. '나무'는 '돌아가 구원을 청한다'는 뜻이고, 아미타불은 서방정토 극락세계에 머물며 깨달음을 얻고자 하는 중생들을 극락세계로 인도하는 부처죠. 모셔져 있는 전각은 극락전 또는 무량수전이고요. 아미타불의 수인(아미타정인)은 양손을 무릎 위에 놓고 엄지의 끝을 맞대며 다른 손가락은 펴서 겹쳐 놓은 모습입니다.

비로자나불은 불교의 진리, 부처님의 말씀을 상징하는 법신불입니다. 절에서는 비로전이나 대적광전에 모셔져 있죠. 비로자나불의 수인은 지권인인데, 두 손을 가슴 앞에 모아 왼손의 검지를 세우고 오른손으로 감싸 쥐고 있는 모습입니다. 약사불은 죽음과 고통의 원인이 되는 각종 질병으로부터 중생을 지켜주는 부처인데, 절에서는 약사전에 모셔져 있습니다. 외형상으로 다른 불상과 차이가 없지만, 왼손에 약병을 들고 있어 쉽게 구별할 수 있죠.

미륵불은 천상 중 한 곳인 도솔천에서 수행을 하다가 56억 7천만 년 뒤에 내려와 중생을 구제한다는 미래의 부처입니다. 모셔져 있는 전각은 미륵전이고요. 석가불과 같은 수인을 취하고 있어서 외형상으로는 구분이 불가능하며, 미륵불을 조성했다는 기록이나 전각의 이름에 따라 구별합니다.

보살상은 보살의 모습을 그림이나 조각으로 표현한 것인데, 보살은 쉽게 말해 '부처님 당선자'라고 할 수 있습니다. 이미 부처가 될 수 있는 자격을 갖추었지만, 중생과 더 가까이하기 위해 부처가 되기를 잠시 미루고, 부처를 보좌하여 중생을 구제하는 역할을 하죠. 앞서 살펴본 미륵보살이 가장 먼저 나타난 보살입니다. 미륵보살 외에도 관세음보살, 지장보살, 문수보살, 보현보살 등이 있습니다.

　관세음보살은 '나무 아미타불 관세음보살'이라는 주문에 나올 정도로 인기 있는 보살입니다. 관음보살이라고도 하죠. 관세음보살은 세상의 모든 소리를 살피며 중생을 구제하는 자비의 보살입니다. 아미타불을 자신의 스승으로 삼고 있으므로 보관에 아미타불(화불)을 모시고 있죠. 모셔져 있는 전각은 관음전이고요. 지장보살은 다른 보살상과 달리 보관, 영락 등의 장식물이 없고 가사를 입은 삭발한 스님의 모습입니다. 지장보살은 미륵불이 올 때까지 중생을 교화하는데, 특히 지옥에서 고통받는 중생을 구제하는 역할을 합니다. 모셔져 있는 전각은 명부전이나 지장전입니다.

　문수보살은 지혜의 보살로 사자를 탄 모습, 보현보살은 실천의 보살로 코끼리를 탄 모습으로 표현됩니다. 《화엄경》에서는 비로자나불의 협시보살로 문수보살과 보현보살이 짝을 이뤄 삼존불이 되죠. 각각 문수전과 보현전에 모셔집니다. 대세지보살은 모든 중생의 미혹함을 없애주는 보살이며, 관세음보살과 함께 아미타불의 협시보살로 삼존불을 이루고요.

　불교에는 불상과 보살상 외에도 부처와 불법을 수호하는 인왕상, 팔부중상, 사천왕상 등이 있습니다. 이들은 불교가 성립되기 이전부터 인도에서 브라만교나 민간 신앙의 대상이었는데, 석가모니가 등장한 후 불교에 흡수되어 수호신 역할을 합니다.

신라와 가야의 도기에는 어떤 차이점이 있을까요?

우리나라 토기(도기)의 시작은 신석기 시대의 상징, 빗살무늬토기입니다.(신석기 초기에 덧띠무늬토기가 있었지만, 빗살무늬토기의 등장과 함께 사라집니다) 이동 생활을 했던 구석기 시대와 달리 빗살무늬토기는 신석기인들이 한곳에 정착해서 곡식을 저장하고 음식을 조리했다는 것을 보여주죠. 처음으로 농경 생활을 시작한 신석기 시대는 처음으로 화학적 변화를 통해 물건을 만들어낸 토기의 시대이기도 합니다.

이어진 청동기 시대에는 민무늬토기가 주로 쓰였습니다. 빗살무늬토기와는 비교가 안 될 정도로 다양한 모양과 크기의 토기가 용도에 따라 사용되었죠. 대표적인 토기는 출토 지역명을 따라 미송리형 토기(평안도 의주 미송리), 송국리형 토기(충남 부여 송국리) 등으로 부르는데, 이외에도 대동강 유역의 팽이모양 토기, 두만강 유역의 구멍무늬 토기 등이 있습니다.

신라의 굽다리 접시

가야의 굽다리 접시

삼국시대 초기에 토기는 비약적으로 발전합니다. 이전에는 노출된 가마에서 토기를 구웠기 때문에 충분히 온도를 높일 수 없었죠. 이 무렵부터 밀폐된 가마를 사용하면서, 좀 더 단단하고 물기에도 강한 그릇을 만들어낼 수 있었습니다. 쇠뿔손잡이가 달린 도기나 오리모양 도기처럼 첫 상형도기가 나타나는 시기도 이때입니다.

삼국이 고대국가의 틀을 형성해가는 4세기가 되면, 도기는 또다시 기술적으로 혁신됩니다. 굴가마에서 1000도 이상의 고온으로 도기를 구울 수 있게 되면서 이전보다 더 단단한 도기를 사용할 수 있게 된 거죠. 고구려와 백제의 도기는 신라와 가야에 비해 출토되는 양이 많지 않지만, 고구려의 도기는 듬직한 몸체에 강인한 기상을 보여주는 작품이 많고, 백제의 도기에는 특유의 우아한 세련미가 있습니다.

신라와 가야는 도기의 왕국이라고 할 정도로 많은 도기가 출토되었습니다. 신라와 가야의 도기는 비슷한 면도 많지만, 각기 나름의 특징을 갖고 있는데요. 4세기 무렵의 굽다리 접시와 5세기 무렵의 긴목항아리가 대표적이고, 6세기에 접어들면서 앞서 '국보 맛보기'에서 살펴본 국보 91호 도기 기마인물형 명기(신라)와 국보 275호 도기 기마인물형 뿔잔(가야)과 같은 상형도기가 유행하며 도기의 전성기를 맞습니다.

그럼, 굽다리 접시를 통해 신라와 가야 도기의 차이점을 알아볼까요? 굽다리 접시는 높은 굽 위에 음식을 담는 접시를 연결해 공경의 뜻을 표현하는 도기입니다. 신라의 굽다리 접시는 접시와 뚜껑 부분이 가야에 비해 두툼하죠. 굽다리도 신라는 직선 형태인데 반해 가야는 곡선입니다. 또한 신라의 굽다리에 있는 투창(구멍)은 위아래가 엇갈리게 나있는데 비해, 가야의 투창은 위아래 나란히 구멍을 냈습니다.

신라와 가야의 긴목 항아리를 비교해볼까요?

신라의 긴목 항아리　　　　　　가야의 긴목 항아리

　　굽다리 접시에 이어 5세기 무렵에는 긴목 항아리가 신라와 가야의 대표적 도기 형태로 나타납니다. 신라와 가야의 긴목 항아리는 어떤 점이 비슷하고, 어떤 점이 다른지 가족과 함께 이야기를 나눠 보세요.

가족과 함께 이야기 나누고 싶은 질문들을 적어보세요

경복궁, 국립고궁박물관

서울은 500년 동안 조선의 수도였기 때문에 조선의 역사를 느낄 수 있는 많은 유물, 유적이 남아 있다. 유홍준은 중국 소주를 정원의 도시로, 일본 교토를 사찰의 도시로 표현하면서, 조선의 5대 궁궐이 남아 있는 서울은 '궁궐의 도시'라고 말했다. '궁궐의 도시' 서울에 있는 조선의 첫 궁궐, 경복궁(사적 117호)에는 국보가 2점 있다. 바로 국보 223호 근정전과 국보 224호 경회루가 그 주인공이다.

조선의 궁궐은 어떻게 지어졌을까요?

경복궁에 대해 알아보기 전에 먼저 조선의 수도 한양의 모습을 살펴볼까요? 법궁인 경복궁을 중심으로 우측에는 토지와 곡식의 신에게 제사를 지내는 사직단이 있고, 좌측에는 역대 왕의 위패를 모시고 제사를 지내는 종묘가 있습니다. 경복궁 광화문 앞으로는 궐외각사들이 세워져 육조거리라 불렸으며, 한양도성을 쌓고 4대문과 4소문을 지었죠.

'궁'은 왕과 그 가족이 사는 집을, '궐'은 궁을 보호하는 담을 의미합니다. 궁궐은 크게 외전 영역과 내전 영역으로 구분할 수 있습니다. 경복궁의 경우, 정전인 근정전, 편전인 사정전과 궐내각사는 정치 활동을 하는 외전영역이고, 왕의 침전인 강녕전, 중궁전인 교태전, 대비전인 자경전, 동궁전인 자선당 등 왕과 가족의 생활공간은 내전 영역입니다.

조선 태조 이성계는 고려의 수도였던 개경을 떠나 다른 곳에 새로운 도읍을 정하기로 마음먹었고, 여러 후보지 중 지금의 경복궁 자리가 첫 번째 궁궐터로 낙점받습니다. 조선의 정치를 기획한 정도전이 경복궁의 큰 그림을 그렸고, 1395년 창건 당시에는 390여 칸의 건물로 시작했죠.

조선 전기 법궁의 역할을 하던 경복궁은 임진왜란 때 분노한 백성들에 의해 전소된 후 흥선대원군이 중건할 때까지 200여 년 동안 폐허로 남아 조선 후기 법궁의 역할을 창덕궁에게 넘깁니다. 또한 흥선대원군은 7000칸이 넘는 대규모로 경복궁을 중건했지만, 일제강점기와 한국전쟁을 거치면서 90% 이상 훼손되었고, 지금까지 계속 복원 중입니다.

청렴결백의 상징 해태상

이제 경복궁의 주요 건축물을 살펴보겠습니다. 세종로에서 경복궁을 바라보면 경복궁의 남문인 광화문을 먼저 만나게 됩니다. 그 앞에 해태상은 현재의 도로 사정 때문에 광화문에 바짝 붙어 있지만, 원래는 정부종합청사 쪽으로 80m 정도 떨어져 있었죠. 해태상은 청렴결백의 상징이며, 하마비라 하여 여기서부터는 말이나 가마에서 내려 궁궐에 들어갈 채비를 갖췄습니다. 해태상이 궁궐의 입구 역할을 했던 것입니다.

경복궁의 정문 광화문

경복궁의 남문인 광화문은 다른 궁문과 달리 돌을 쌓아 세 개의 무지개 문을 만들고 문루를 올려 경복궁의 권위를 높였습니다. 왼쪽은 무신이, 오른쪽은 문신이, 가운데 문은 왕과 왕비가 출입했으며, 천장에 무신, 문신, 왕을 상징하는 거북, 천마, 봉황이 그려져 있죠.

광화문은 임진왜란 때 소실되고 흥선대원군 때 복원되지만, 곧 이은 일제강점기에 조선총독부 건물이 들어서면서 제 위치를 잃고 경복궁의 동문인 건춘문 북쪽으로 옮겨졌습니다. 또한 한국전쟁 당시에는 폭격을 맞아 문루가 파괴되었고, 박정희 대통령 시절 콘크리트로 복원했던 것을 1990년대 현재의 모습으로 다시 복원했습니다.

흥례문과 영제교

경복궁의 정전인 근정전까지 가려면 세 개의 문을 거쳐야 합니다. 모든 것이 임금님을 중심으로 하기에 제1문이 근정문, 제2문이 흥례문, 제3문이 광화문입니다. 일제강점기 일본은 흥례문과 영제교를 헐고 그 자리에 조선총독부를 짓습니다. 조선총독부는 광복 후 중앙청으로 사용되고 국립중앙박물관으로 활용되기도 했죠. 1995년에 조선총독부 건물을 철거했는데, 첨탑 등 일부는 현재 천안 독립기념관에 전시되어 있습니다. 영제교를 건널 때는 4마리의 서수를 보는 것도 놓치지 마세요.

국보 223호 경복궁 근정전

제1문인 보물 812호 근정문과 행각을 지나면 경복궁의 정전, 근정전

국보 223호 경복궁 근정전

을 만나게 됩니다. 정전은 국가 주요 행사를 개최하거나 외국 사신을 접견하던 궁궐의 중심 건물입니다. 1443년 12월 30일, 훈민정음이 반포된 장소도 근정전이죠. 임진왜란 전에는 많은 임금

(정종, 세종, 단종, 세조, 성종, 중종, 명종, 선조)이 근정전에서 즉위식을 가졌습니다. 태조와 태종은 개성의 수창궁에서, 문종은 궁 밖 별궁에서, 예종과 인종은 창경궁에서, 연산군은 창덕궁에서 즉위식을 거행했습니다.

궁궐 정전의 앞마당을 '조정'이라 부르는데, 조정에는 문무백관이 품계에 맞춰 설 수 있도록 품계석이 자리 잡고 있습니다. 조정의 고리는 천막을 칠 때 고정하기 위해 바닥에 박아둔 것이고요. 조정의 가운데 길은 다른 곳보다 조금 높은데, 이는 임금님만 다니던 '어도(御道)'입니다.

2단의 월대 위에 지붕이 2단으로 보여 2층 건물로 보이는 근정전은 안에서 보면 천장이 높은 1층 건물입니다. 천장에는 왕을 상징하는 황룡이, 용상 뒤쪽으로는 일월오악도가 자리하고 있습니다. 근정전 주위를 살펴보면 동서남북을 지키는 사신상 뿐만 아니라 십이지신상과 서수도 만날 수 있습니다. 십이지신상 중 두 가지 동물, 개와 돼지는 없습니다.

왕의 집무실 사정전

사정전(보물 1759호)은 왕의 집무실인 편전입니다. 왕이 일상적으로 업무를 보던 곳이죠. 사정전 왼쪽에는 천추전, 오른쪽에는 만춘전이 있는데, 과거에는 서로 행각으로 연결되어 있었습니다. 남쪽 행각에는 임금의 사유재산을 보관했던 내탕고가 있었고요. 보물 845호 앙부일구(해시계)도 사정전 앞에 있으니 함께 보세요.

강녕전과 교태전

강녕전은 왕의 침전이고, 교태전은 왕비의 침전입니다. 두 건물은 다른 건물들과 달리 용마루가 없는데요. 용이 왕을 상징하므로, 왕이 자는 곳(강녕전)과 다음 왕이 태어나는 곳(교태전)을 또 다른 용이 누르고 있으면 안 되기 때문에 용마루를 생략했다고 합니다. 일제강점기에 강녕전을 헐어서 창덕궁 희정당을 올렸고, 교태전을 헐어서 창덕궁 대조전을 지었기 때문에 본래 건물은 창덕궁에 있다고 할 수 있습니다. 교태전 뒤쪽으로는 경회루 연못을 팔 때 나온 흙으로 쌓은 아미산이 있습니다. 보물 811호인 아미산 굴뚝과 함께 궁궐의 작은 후원을 감상하세요.

국보 224호 경복궁 경회루

경회루는 태종 때인 1412년 연회 장소로 사용하기 세운 누각입니다. 경회루 역시 흥선대원군이 중건했으며, 우리나라 최대의 누각이고 잡상도 가장 많습니다. 근정전이 7개, 숭례문이 9개인데, 경회루에는 잡상이 11개나 되죠. 태종이 세종에게 임금의 자리를 넘기고 상왕으로 물러나겠다는 뜻을 처음으로 밝힌 장소이며, 수양대군이 단종의 옥새를 넘겨받아 왕위에 오른 곳이기도 합니다. 연산군 때는 흥청망청과 함께 연일 연회가 벌어지던 장소이기도 합니다.

국보 224호 경복궁 경회루

수정전

경복궁 근정전 서쪽, 경회루 연못 앞에 있는 수정전(보물 1760호)은 약 200칸의 행각과 전각 등 궐내각사의 중심 건물로 세종 때 집현전이 있던 자리입니다. 성종 때는 홍문관, 고종 때는 군국기무처로도 활용되었던 곳이죠. 지금 경복궁은 이곳저곳 빈터가 많이 있지만, 흥선대원군이 복원했을 때는 수정전을 비롯한 궐내각사들이 가득 들어차 있었습니다.

자선당, 비현각, 자경전

자선당과 비현각은 동궁 영역에 있습니다. 동궁은 춘궁이라고 부르기도 하는데, 해가 떠오르는 동쪽과 한 해의 시작을 알리는 봄을 의미합니다. 다음 세대에 임금의 자리에 오를 세자와 세자빈이 머무르는 곳이죠. 일제강점기에 자선당은 일본으로 팔려 갔다가 1923년 관동 대지진 때 소실되었습니다. 자선당의 기단석과 주춧돌만이 일본 오쿠라 호텔 정원에 버려져 있다가 1995년에 경복궁으로 돌아왔습니다.

자경전은 현존하는 유일한 대비전입니다. 흥선대원군이 경복궁을 복원하면서 신정왕후(조대비)에게 지어 바친 것이고요. '자경'은 '왕실의 어른들에게 경사가 있기를 바란다'는 뜻으로, 조대비의 힘으로 아들 고종이 왕위에 올랐으므로 흥선대원군이 감사의 마음을 전한 것이죠. 자경전은 보물 809호이고, 자경전 뒤뜰의 십장생 굴뚝은 보물 810호입니다.

향원정과 건청궁

향원정은 고종 때 지어진 정자로, 그전에는 취로정이라는 정자가 있었다고 합니다. 양반가를 본떠 만든 건청궁에 머물면서 고종이 휴식을 가졌던 곳이죠. 향원정을 연결하는 다리도 원래 건청궁 쪽에서 연결되어 있었습니다. 이후 관람의 편의를 위해서였는지 반대쪽에 연결다리를 만들었는데, 2018년에 원래의 위치로 옮기는 복원 공사가 있었습니다. 건청궁은 1895년 명성황후가 일제에 의해 시해된 을미사변의 아픈 장소이기도 합니다.

국보 228호 천상열차분야지도 각석

경복궁 광화문에서 왼쪽으로 들어가면 국립고궁박물관이 있습니다. 이곳에 있는 국보 228호 천상열차분야지도 각석은 돌에 새긴 천문도로서는 세계에서 두 번째로 오래된 것입니다. 첫 번째는 중국의 '순우천문도'이고요. 천상열차분야지도 각석에는 육안으로 관측되는 1467개의 별

국보 228호 천상열차분야지도 각석(탁본)

이 표시되어 있죠. '천상열차분야지도'를 풀어보면, 하늘의 모습(천상, 天上)을 12개의 순서에 따른 구역으로 벌려놓고(열차, 列次) 9개의 들로 나누어(분야, 分野) 그린 도면(지도, 之圖)이라는 뜻입니다.

천상열차분야지도 각석은 조선의 개국과 함께 1395년(태조 4)에 제작했는데요. 왕조 개국의 정당성이 필요했던 태조는 우연히 얻은 고구려 천문도 탁본을 바탕으로 하여, 당시까지의 천문 관측 결과를 반영하여

새 천문도를 돌에 새겨 넣었습니다. 중국의 '순우천문도'와 비교했을 때, 중국의 천문도를 그대로 답습하지 않고 조선의 독창적인 별자리를 그려 넣었지요. 이러한 제작 과정이 권근의 《양촌선생문집》〈천문도지〉에 잘 나타나 있습니다.

"천문도의 석본은 옛날 평양성에 있었는데, 병란으로 강물에 잠겨 유실되었으며, 세월이 오래되어 그 남아 있던 인본(印本)까지도 없어졌다. 우리 전하(태조)께서 즉위하신 처음에 어떤 이가 한 본을 올리므로, 전하께서는 이를 보배로 귀중히 여기고 서운관에 명하여 돌에다 다시 새기게 하매, 본관이 상언하기를 '이 그림은 세월이 오래되어 별의 도수가 차이가 나니, 마땅히 다시 도수를 측량하여 사중월(음력 2,5,8,11월)의 저녁과 새벽에 나오는 중성(28수 중 해가 질 때와 돋을 때 정남쪽에 보이는 별)을 측정하여 새 그림을 만들어 후인에게 보이소서' 하니, 상께서 옳게 여기므로 지난 을해년(1395) 6월에 새로 중성기(中星記) 한 편을 지어 올렸다."

조선 시대에는 태조 때 제작한 천상열차분야지도 각석을 본떠 많은 천상열차분야지도가 만들어졌습니다. 그중 숙종 때 만든 것은 보물 837호로 지정돼 국보 228호와 함께 국립고궁박물관에 전시되어 있습니다.

국보 229호 창경궁 자격루

국보 229호 창경궁 자격루는 원래 덕수궁 광명문에 전시되어 있었습니다. 일제는 이왕가박물관을 덕수궁 석조전 서관에 조성하면서, 광명문을 옮겨 야외전시장으로 활용했죠. 2019년에 광명문이 원래의 자리인 함녕전 남쪽으로 옮겨졌고, 3월 1일에 준공식을 개최했습니다. 국보 229호 창경궁 자격루는 대전에 있는 국립문화재연구소 문화재보존과학센터로 옮겨 1년 여 간의 보존처리 작업을 했고, 지금은 국립고궁박물관에서 전시하고 있습니다.

자격루(自擊漏)는 1434년(세종 16)에 장영실이 제작한 물시계입니다. 이름에서 유추할 수 있듯이, 자동시보장치가 있어서 때가 되면 시간을 자동으로 알려주었죠.

자격루의 원리는 다음과 같습니다. 맨 위의 큰 물그릇(대파수호)에 물을 부으면 그 아래의 작은 물그릇(소파수호)을 거쳐 길쭉한 모양의 물받이통(수수호)에 물이 고입니다. 그러면 수수호에 있는 살대가 점점 올라가며 지렛대 장치를 건드리고, 그 끝의 쇠구슬이 자동시보장치를 차례

국보 229호 창경궁 자격루

로 작동하게 하면서 종, 북, 징이 울리고 인형이 나타나 시간을 알려주죠. 장영실이 처음 제작한 자격루는 파수호가 4개였고, 경복궁 경회루 남쪽에 보루각을 지어 보관했습니다.

국보 229호 창경궁 자격루는 장영실이 제작한 것은 아닙니다. 성종 때까지 사용하던 자격루가 시간이 맞지 않자 1536년(중종 31)에 다시 만들었고, 이후 100여 년간 조선의 표준

시계 노릇을 합니다. 안타깝게도 현재 국보 229호 자격루는 자동시보장치 부분은 남아 있지 않고, 파수호 3개(大 1, 小 2)와 수수호 2개만이 전하고 있습니다. 이름이 '창경궁 자격루'인 이유는 중종 때 창경궁에 보루각을 지어 보관했기 때문입니다.

국보 229호의 청동 대파수호는 높이 70cm, 지름 93.5cm이며, 도기로 만든 소파수호 2개는 높이 40.5cm, 지름 46cm입니다. 수수호는 높이 196cm, 지름 37cm로 청동으로 만들었으며, 하늘로 솟아오르는 용과 제작에 참여한 우찬성 유부, 공조참판 최세절 등의 이름이 새겨져 있습니다. 자격루의 원형을 자동시보장치까지 복원한 작품은 경복궁 경내 국립고궁박물관 지하 전시실에서 관람할 수 있고, 조선 시대와 마찬가지로 시간에 맞춰 종, 북, 징이 울리고 인형도 나타납니다.

하나 더. 자격루는 완전 자동은 아니고 사람의 손이 필요한 반자동 시계입니다. 수수호에 물이 꽉 차고 구슬을 모두 보내면 어떻게 해야 할까요? 사람이 수수호의 물을 빼고 구슬도 제자리에 돌려놓아야 합니다. 그러는 동안 시간은 흐르고, 정확한 시간이 맞지 않게 되죠. 그래서 수수호가 2개인 것입니다. 하나의 수수호가 물이 차면 다른 수수호로 물을 보내 구슬이 자동시보장치를 작동하게 한 것이죠. 한 쌍의 소파수호와 수수호를 번갈아 사용하면서 사람이 반자동으로 자격루를 운용할 수 있는 시간을 벌었던 것입니다.

조선의 궁궐은 왜 5곳이나 있을까요?

경복궁, 창덕궁, 창경궁, 경운궁(덕수궁), 경희궁(경덕궁) 모두 조선의 궁궐입니다. 왜 이렇게 궁궐이 많은 걸까요? 조선의 궁궐을 보면 조선 역사의 흐름을 알 수 있습니다.

1392년 개경의 수창궁에서 즉위한 태조 이성계가 나라를 세울 때는 국호도 고려, 수도도 개경(개성)을 그대로 이어받았죠. 하지만 새 술은 새 부대에 담아야 하듯이, 이내 새로운 국호, 새로운 수도를 정하기로 합니다. 혹시 조선의 국호가 '화령'이 될 뻔했다는 사실을 아시나요? 태조는 국호를 정하면서 중국 명나라에 조선과 화령, 둘 중 하나를 골라 달라고 요청했죠. 신생 강국 명나라의 눈치를 너무 봤다는 생각이 드네요. 태조는 내심 조선이라는 국호를 원했고, 바라던 대로 명나라의 답신을 얻어 조신을 국호로 사용했습니다.

그리고 여러 후보지들 중에서 지금의 서울, 한양이 수도로 결정되었고 1395년 조선의 첫 궁궐 경복궁을 짓습니다. 천도 후 얼마 지나지 않아 1398년에는 1차 왕자의 난이 벌어지며 태조가 상왕으로 물러나고 정종이 즉위합니다. 태조의 다섯째 아들 이방원은 배다른 동생 방석이 세자에 책봉된 것을 빌미로 개국공신 정도전 등을 죽이며 정권을 잡았는데요. 당장 자신이 왕위에 오르지는 않고 둘째 형 방과에게 잠시 왕위를 맡기면서 개경의 수창궁으로 왕실을 옮깁니다.

개경으로 돌아온 후에도 조선 왕실은 1400년에 2차 왕자의 난을 겪습니다. 사실상의 왕인 이방원에게 넷째 형 방간이 도전한 것인데요. 이방원의 승리로 싱겁게 결말이 났고, 이방원은 왕위에 오르면서 한양으로의 재천도를 명합니다.

1405년 한양으로 다시 돌아온 태종은 경복궁으로 오지 않고 창덕궁을 새로 지어 들어옵니다. 물론 경복궁은 조선의 법궁으로서 역할을 충실히 했고, 태종 때 경회루 등 새로운 전각들도 계속 지었죠. 1차 왕자의 난의 배경이었던 경복궁에 들어가 살고 싶지 않았던 태종이 창덕궁을 새로 짓게 한 것이 아닐까 하는데요. 궁에 불이 나거나 전염병이 돌면 왕실 가족들이 옮겨갈 이궁이 필요하다는 현실적 이유도 있었을 겁니다. 그리고 세종이 태종을 위해 창덕궁 옆에 지었던 수강궁을 성종이 확장하면서 창경궁이 만들어졌고요.

조선 전기에는 이렇게 법궁 경복궁과 이궁 창덕궁, 창경궁 체제가 이어지다가 1592년 임진왜란을 거치면서 모든 궁궐이 불타 없어집니다. 전란이 끝나고 궁궐을 다시 세울 때, 선조는 창덕궁과 창경궁을 먼저 복원하기 시작했습니다. 경복궁을 제외한 것은 그 터가 흉해서 전쟁이 났다는 생각 때문이었죠. 궁궐의 복원은 시작했지만, 한양으로 돌아온 선조에게는 머물 곳이 필요했습니다. 이때 선조가 선택한 곳이 바로 지금의 덕수궁(경운궁)입니다. 전쟁 후 그나마 남아 있는 번듯한 건물이 월산군(성종의 형)의 사저였거든요. 선조가 머물 때는 왕실의 정식 궁궐이 아니었기 때문에 정릉동행궁이라고 불렀습니다. 선조는 승하할 때까지 이곳 정릉동행궁에서 살았는데, 뒤를 이은 광해군이 이곳을 확장하면서 경운궁이라 불렀죠. 광해군이 선조의 계비인 인목대비를 유폐한 서궁도 바로 이곳 경운궁이었습니다.

또한 광해군 때는 왕실의 권위를 세우기 위해 인경궁과 자수궁, 거기에 경덕궁까지 더해 세 곳의 궁궐을 한꺼번에 지었습니다. 이때 인조반정이 일어나면서 반란군이 창덕궁을 실수로 불태웠고, 바로 이괄의 난이 이어지며 창경궁도 불타서 궁궐을 다시 지어야 했죠. 인조는 인경궁과 자수궁의 전각을 헐어 창덕궁을 복원했고, 그 흔적이 창덕궁 선정전의 청기와에 남아 있습니다. 청기와를 이용할 만큼 광해군은 화려한 궁궐을 지으려고 했는데, 광해군이 짓던 세 궁궐 중 경덕궁만 살아남은 이유는 경덕궁 터가 인조의 아버지인 정원군의 집터였기 때문입니다. 광해군의 배다른 동생인 정원군의 집에는 왕기가 서려 있다는 이야기가 있었는데, 실제로 그 집에서 자란 인조가 왕위에 올랐죠. 경덕궁은 후에 이름이 경희궁으로 바뀌었고요.

이후 크고 작은 화재 때문에 궁궐의 전각들은 소실과 복원을 반복했고, 고종 때에는 드디어 경복궁을 중건합니다. 왕실 권위를 높이기 위해 흥선대원군이 주축이 되어 경복궁을 다시 세웠는데, 당백전 발행으로 인한 물가 상승 등 부작용도 만만치 않았습니다.

1895년에는 일제의 주도하에 명성황후가 시해되는 끔찍한 일이 경복궁 건천궁에서 벌어지기도 했죠. 고종은 이때 일본의 눈을 피해 러시아공사관으로 몸을 피하는 아관파천을 단행합니다. 이후 고종은 경복궁이 아닌 경운궁(덕수궁)으로 환궁했고요. 고종은 세계의 각국 공사관들이 가까이 있는 경운궁이 명성황후가 시해당한 경복궁보다 더 안전하다고 생각했을 겁니다. 이곳 경운궁에서 고종은 대한제국을 선포하고 황제의 자리에 올랐습니다.

하지만 고종은 끝내 일제의 야욕을 꺾지 못했고, 헤이그 특사 사건 등을 계기로 일제는 고종을 왕위에서 끌어내립니다. 일제는 아버지의 뒤를 이은 순종을 창덕궁으로 이어시켰고, 고종에게 '덕수'라는 궁호를 올리면서 지금까지 경운궁은 덕수궁으로 불리게 되었습니다.

일제강점기에 조선의 궁궐들은 뼈아픈 수모를 겪습니다. 1917년 창덕궁에 화재가 일어나자 일제는 경복궁의 강녕전과 교태전을 헐어서 창덕궁의 희정당과 대조전을 복원했습니다. 게다가 창경궁은 창경원으로 격하하고 동물원과 식물원을 지어 일반 백성들에게 공개했죠. 순종을 위로한다는 명목을 내세웠지만, 일제는 조선 왕실의 권위를 무너뜨리려는 속셈을 갖고 있었습니다.

1970년대까지 유원지로 이용되던 창경원은 1980년대에 들어서서 창경궁이라는 이름을 다시 찾고 복원되었습니다. 당시 창경원에 심겨 있던 벚꽃들을 옮겨 심은 곳이 지금의 여의도 윤중로 벚꽃길이고요. 동물원이 옮겨간 곳이 서울대공원입니다. 경희궁은 일제가 전각 대부분을 헐어버렸고, 그 터에 다른 건물들이 들어서면서 복원이 많이 이루어지지 못했습니다.

그밖에 조선의 5대 궁궐 외에도 '궁(宮)'이라는 이름이 들어간 곳이 있습니다. 창덕궁 앞에 있는 운현궁이나 강화도에 있는 용흥궁이 대표적인데요. 운현궁이나 용흥궁도 궁궐이라 할 수 있을까요? 대부분의 왕들은 궁궐에서 태어나고 자라지만, 고종이나 철종처럼 궁궐이 아닌 곳에서 태어난 왕들도 있습니다. 이런 임금의 사저를 잠저라고 하는데요. 왕이 태어난 곳이기 때문에 고종이 태어난 집은 운현궁, 철종이 태어난 집은 용흥궁이라고 높여서 부른 것입니다.

또한 화성행궁이나 온양행궁처럼 왕이 궁궐을 떠나 임시로 머무는 별궁을 행궁이라 합니다. 화성행궁은 정조가 사도세자의 무덤인 현륭원으로 능행을 갈 때 사용했고, 온양행궁은 건강상의 이유로 왕들이 온양온천을 찾을 때 머물렀죠. 전쟁 때 피란을 떠나 머무르기 위한 강화행궁이나 남한산성의 광주행궁 등도 있습니다.

후에 경운궁(덕수궁)이 되는 정릉동행궁도 창덕궁과 창경궁을 복원하기 전까지 임시로 머물 곳이었기 때문에 행궁이라 불렸고요. 그밖에 임시로 막사를 새로 짓거나 지방의 관청 또는 부호의 집을 빌려 임금이 머물 때는 행재소라고 불렸습니다. 대표적으로 세조가 강원도 오대산 상원사로 행차했을 때 머문 상원암행재소가 있죠.

집에도 서열이 있다고요?

신분 사회였던 과거에는 집에도 계급이 있었습니다. 주로 그 건물을 사용하는 사람에 따라, 그리고 건물의 용도에 따라 서열이 달라졌죠. 우선 '전 당 합 각 재 헌 루 정'을 기억해주세요. 집의 이름이 어떻게 끝나느냐에 따라 그 건물의 서열을 어느 정도 짐작할 수 있거든요. 그리고 건물의 서열이 높을수록 크고 화려하게 짓는 것이 일반적이죠. 물론 예외도 있긴 합니다.

경복궁에 있는 집들을 예로 들어 볼까요? 경복궁의 정전인 근정전, 왕의 사무 공간 사정전, 그리고 왕의 침전과 왕비의 침전인 강녕전과 교태전이 모두 '전'으로 끝납니다. 집도 왕과 왕비의 신분에 따라 가장 높은 이름으로 지은 것이죠.

왕 다음으로 높은 세자의 침전은 '전' 다음인 '당'으로 끝나는 자선당입니다. 명성황후의 생활공간이었던 곤녕합, 세자의 편전인 비현각, 왕의 서재였던 집옥재, 왕의 집무 공간 중 하나였던 창덕궁의 관물헌 등에서도 건물의 주인이나 그 용도에 따라 집의 이름을 지었음을 알 수 있습니다. 마지막으로 2층 누각 건물은 경회루처럼 '루'로 끝나는 이름을 지었고, 향원정처럼 정자의 이름은 '정'으로 끝납니다.

사극을 보면, 신하들이 임금을 '주상 전하'라고 부르고, 왕의 아들을 부를 때는 '세자 저하'라고 하죠. 이렇게 높은 사람들을 부르는 존칭에도 건물의 서열이 나타나는데요. 왕은 '전'의 아래에서 엎드려 올려다봐야 하는 분이어서 전하라 부릅니다. '저하'는 위에서 살펴본 '전당합각재헌루정'에는 빠져 있지만, 높은 서열의 집에는 '저'를 쓰기도 하는데요. 지금도 관저나 저택이라는 말을 사용하고 있죠.

또한 왕의 아버지를 부를 때는 대원군 '합하'라고 합니다. 대개는 왕의 아버지도 왕이기 때문에 자주 쓰는 존칭은 아니지만요. 고종의 아버지 흥선대원군 합하가 대표적이죠. 마지막으로 군사정부 시절에 대통령을 부를 때 많이 쓰이던 '각하'가 있습니다. 조선 시대에는 현종이 세손 시절에 각하라고 불렸죠. 각하는 전하, 저하, 합하 다음의 존칭으로 볼 수 있습니다.

우리나라에서는 거의 사용하지 않았지만 '폐하'라는 호칭도 있습니다. '폐(陛)'는 한자로 섬돌을 의미하는데요. 격이 높은 건물들은 돌로 만든 단인 월대 위에 짓습니다. 근정전도 2단의 월대 위에 지었죠. 중국 자금성의 태화전은 한 단을 더 얹은 3단의 월대 위에 지었고, 이를 통해 황제의 위엄을 보여줍니다. 그래서 황제를 부를 때 섬돌 아래서 올려다본다는 의미로 '폐하'라는 호칭을 사용하죠. 우리나라도 고종이 대한제국을 선포하고 황제를 칭할 때 폐하라는 호칭을 잠깐 사용했고요.

집 이야기가 나온 김에 우리나라 기와집의 기본 구조를 알아볼까요? 《한국민족문화대백과》에서 경복궁 근정전을 찾으면 '정면 5칸, 측면 5칸의 팔작지붕 다포계 중층 건물'이라고 근정전을 설명합니다. 목조 건물은 크기를 칸수로 나타내는데요. 기둥과 기둥 사이가 한 칸이죠. 그러니까 근정전은 정면과 측면 모두 기둥이 6개씩 있는 것입니다. 그리고 이를 곱하여 25칸 집이라고도 합니다.

국보 51호 강릉 임영관 삼문

보물 1호 서울 흥인지문

다음으로 지붕 모양을 활용하여 기와집을 설명할 수 있습니다. 가장 간단한 형태는 맞배지붕인데요. 맞배지붕은 건물의 앞뒤에만 지붕면이 있어 옆에서 보면 'ㅅ(시옷)' 자 형태입니다. 지붕면이 없는 측면은 비바람에 약하기 때문에 이를 막는 풍판을 덧대기도 하죠. 꾸밈없고 엄숙한 느낌을 주는 맞배지붕은 종묘 같은 사당에서 많이 활용하고, 국보 51호 강릉 임영관 삼문도 맞배지붕입니다.

맞배지붕의 양쪽 끝 면에도 지붕면을 만들어 비바람에 약한 맞배지붕의 약점을 보완한 것이 우진각지붕입니다. 모퉁이 우(隅), 나아갈 진(進) 자를 쓰는 우진각지붕은 말 그대로 모퉁이 쪽도 지붕면을 냈다는 뜻이죠. 보물 1호 서울 흥인지문처럼 숭례문, 경복궁 광화문, 창덕궁 돈화문 등 성곽이나 궁궐의 문루에 우진각지붕을 많이 활용했습니다.

팔작지붕은 우진각지붕에 맞배지붕을 더한 형태이기 때문에 합각지붕이라고도 합니다. 옆에서 보면 우진각지붕의 윗부분이 여덟 팔(八) 자와 비슷해서 팔작(八作)지붕이라고 하죠. 맞배지붕이나 우진각지붕에 비

국보 18호 영주 부석사 무량수전

보물 916호 보은 법주사 원통보전

영주 부석사 범종루

보물 1709호 수원화성 방화수류정

해서 구조가 복잡하고 부재도 많이 들어서 높은 기술력과 비용이 필요
합니다. 그래서 궁궐의 정전, 사찰의 중심 법당처럼 권위적인 건축에 많
이 활용하죠. 앞서 살펴본 근정전, 경회루뿐만 아니라 국보 18호 영주
부석사 무량수전 등도 팔작지붕입니다.

　일반적인 지붕의 마지막 형태는 모임지붕입니다. 지붕면들이 모두 건

국보 15호 안동 봉정사 극락전(주심포집)

국보 311호 안동 봉정사 대웅전(다포집)

보물 1902호 제주향교 대성전(익공집)　　국보 316호 완주 화암사 극락전(하앙식)

물의 중심점에 모여서 모임지붕이라 부르죠. 모임지붕에서 모든 지붕
면은 삼각형 모양이고, 지붕면이 4개면 사모지붕, 6개면 육모지붕, 8개
면 팔모지붕이라 합니다. 보물 916호 보은 법주사 원통보전은 사모지붕
인데, 모임지붕은 보물 1761호 경복궁 향원정 같은 정자에서 많이 활용
합니다. 이외에도 복합적인 형태를 지닌 지붕도 있습니다. 건물의 장소
와 쓰임에 따라 지붕의 기본꼴을 다양하게 섞어서 활용한 것이죠. 대표
적으로 영주 부석사 범종루는 부석사 무량수전 방향은 맞배지붕이고,
그 반대쪽은 팔작지붕인데요. 부석사 무량수전에서 바라보는 소백산맥
의 경치를 방해하지 않도록 한쪽을 맞배지붕으로 처리한 것입니다. 보
물 1709호 수원화성 방화수류정은 복합적인 형태를 가진 지붕 중에서
도 가장 아름답기로 유명합니다.

　마지막으로 목조건축의 구조를 중심으로 집을 나누어보면, 민도리
집, 주심포집, 다포집, 익공집, 하앙식 건물이 있습니다. 목조건축은 기본
적으로 기둥, 서까래를 받치기 위한 도리, 기둥과 기둥을 연결하는 수평

부재인 창방과 들보 등으로 이루어지는데요. 천장을 높이고 천장의 무게를 분산시키며 건물 안을 밝게 하기 위해 '공포'라는 구조를 활용하여 지붕을 높입니다.

민도리집은 공포가 없는 가장 간단한 형태의 집인데요. 퇴계 이황의 도산서당이 민도리집입니다. 주심포집은 기둥 위에만 공포를 설치합니다. 봉정사 극락전, 부석사 무량수전, 수덕사 대웅전 등 현재 남아 있는 고려 중기부터 조선 초기의 건물들이 주로 주심포집이죠. 다포집은 안동 봉정사 대웅전처럼 기둥 위뿐만 아니라 기둥과 기둥 사이에도 공포를 설치합니다. 주심포집에 비해 화려하고 웅장하게 보여서 조선 시대에 궁궐과 사찰 건물 등 권위적인 건물에 적용되었습니다.

익공집은 공포 자리에 새의 날개처럼 뻗어 나온 익공이라는 부재를 연결한 집인데, 제주향교 대성전이 익공집입니다. 조선 시대 관아 건물, 서원, 상류층의 살림집 등에서 많이 볼 수 있죠. 마지막으로 하앙식 건물은 공포를 높이 쌓지 않고 하앙을 이용하여 지붕을 높이는 방식인데요. 우리나라에는 완주 화암사 극락전이 하앙식 건물로는 유일하게 남아 있습니다.

조선총독부 철거, 어떻게 해야 했을까요?

일제는 1910년 나라를 빼앗고, 경복궁의 흥례문 권역에 조선총독부를 세웠습니다. 조선을 차지했다는 상징적 의미를 담았던 것이죠. 이 때문에 흥례문은 흔적도 없이 사라졌고, 경복궁의 정문인 광화문도 제자리에서 쫓겨나야 했습니다. 1945년 광복을 맞은 후에도 조선총독부 건물은 대한민국 중앙청으로 사용되었으며, 국립중앙박물관으로 활용되기도 했습니다. 광복 50주년을 맞은 1995년에 정부는 일제 청산의 기치 아래 조선총독부 건물을 철거했는데요. 첨탑 등 일부가 현재 천안 독립기념관에 전시되어 있습니다. 아픈 역사의 흔적을 지우기만 해도 될까요? 기억의 현장으로 보존해야 했을까요? 경복궁 복원을 위해 철거는 불가피했던 걸까요? 가족과 함께 이야기를 나눠 보세요.

가족과 함께 이야기 나누고 싶은 질문들을 적어보세요

창덕궁 · 창경궁

창덕궁은 조선 왕조의 공식 궁궐인 경복궁에 이어 두 번째로 모습을 드러낸 궁궐이다. 1405년 이궁으로 지어졌는데 나라에 전쟁이나 큰 재난이 일어나 공식 궁궐을 사용하지 못할 때를 대비하여 지은 궁궐로 창덕궁은 자연스럽게 조선 왕조의 중심지가 되었다.

창경궁의 처음 이름은 수강궁으로, 1418년 왕위에 오른 세종이 생존한 상왕인 태종을 모시기 위해 지은 궁이었다. 창경궁은 성종 13년(1482) 창덕궁의 수리를 논하는 자리에서 대비전의 세 어른인 세조의 비 정희왕후, 덕종의 비 소혜왕후, 예종의 계비 안순왕후를 모시기 위해 수강궁의 수리를 명하면서 시작된다. 그에 이름도 창경궁으로 새로 지었고 창덕궁의 부족한 기능을 보완하는 궁궐로서 자리잡게 된다. 창덕궁과 창경궁을 함께 동궐이라 부른다.

국보 225호 창덕궁 인정전

창덕궁은 조선의 5대 궁궐 중 하나이며, 1997년에 후원과 함께 세계문화유산에 등재되었습니다. 1405년(태종 5)에 경복궁의 이궁으로 건립했으며, 태종은 왕자의 난이 벌어졌던 경복궁 대신 창덕궁에 주로 머물렀죠. 임진왜란 때 조선의 궁궐이 모두 불탄 이후 가장 먼저 재건한 궁도 창덕궁입니다.

이후 고종 때 경복궁이 복원되기 전까지 창덕궁은 조선의 법궁 역할을 했습니다. 1926년 조선의 마지막 왕 순종이 창덕궁 대조전에서 승하했고, 조선 왕실 가족으로 순종비 순정효황후(1966), 마지막 황태자 영친왕(고종의 7남)의 부인인 이방자 여사(1989), 고종의 딸 덕혜옹주(1989)가 창덕궁 낙선재에서 기거하는 등 창덕궁은 조선의 마지막 역사를 함께한 궁궐입니다.

국보 225호 창덕궁 인정전은 창덕궁의 정전(법전)입니다. 정전은 궁궐

국보 225호 창덕궁 인정전

의 중심 건물로 신하들과 함께 하는 조례나 왕의 즉위식 같은 국가적 행사를 거행하는 곳이죠. 정전 앞 넓은 마당을 조정이라 하는데, 사극을 보면 '조정 대신'이라는 말이 자주 나오죠? 그 조정이 바로 '정전의 앞뜰'을 의미합니다. 창덕궁이 임진왜란 이후 조선의 법궁 역할을 했으므로, 창덕궁 인정전은 조선 후기를 대표하는 건물이라 할 수 있습니다.

인정전(仁政殿)은 '어진 정치'를 펼치겠다는 의미를 갖고 있으며, 정면 5칸, 측면 4칸의 중층, 다포, 팔작지붕 건물입니다. 1405년(태종 5)에 건립될 때는 정면 3칸의 작은 건물이었고 세종, 단종 때 고쳐 지었으며, 임진왜란 때 소실 후 1609년(광해군 1)에 재건되었습니다. 인정전은 1803년(순조 3)에 다시 불에 탔는데, 1804년에 바로 중건되었죠.

인정전 내부에는 봉황 조각이 많습니다. 먼저 내부 중앙 천장에 서로 마주 보는 봉황 조각이 있고, 용상 바로 위와 커튼 위에도 봉황이 있죠.

봉황은 태평성대를 상징하는 동물이고요. 인정전 용상 뒤에는 국왕의 권위를 상징하는 '일월오악도'가 있습니다. 일월과 오악은 각각 왕과 왕비, 그리고 중국 전설에 나오는 신성한 산인 곤륜산을 의미하죠. 오악은 조선의 영산인 백두산, 묘향산, 금강산, 지리산, 삼각산(북한산)을 의미하기도 하고요. 일월오악도 아래로 다른 궁궐의 정전과 달리 용, 기린, 봉황, 거북을 그린 4폭의 그림이 있는데, 내부 관람을 통해서만 볼 수 있습니다.

창덕궁의 다른 건물들처럼 인정전도 일제의 영향으로 안타까운 변화를 겪습니다. 먼저 조정의 박석을 걷어내고 일본인들이 좋아하는 잔디를 깔았습니다. 지금은 잔디를 없애고 일률적으로 화강석을 이용해 다시 덮었지만, 경복궁 근정전 앞 박석 같은 자연스러운 모습은 아닙니다. 궁궐에서 사용하던 박석을 석모도에서 다시 채취할 수 있게 된 것이 2007년 이후였기 때문에 박석을 깔지 못했죠.

인정전 건물에도 변화가 있었습니다. 순종이 황제에 취임한 1907년에 바닥에는 근정전 같은 전돌 대신 서양식 마루가 깔렸고, 전등, 유리문, 커튼 등이 설치되었죠. 현재의 커튼은 2012년에 제작한 것이고, 진품은 국립고궁박물관에 보관 중입니다. 1907년에는 인정전 용마루에 대한제국 황실의 문장인 이화문장(오얏꽃 문양)을 새겼습니다. 이를 일제의 횡포로 보기도 하는데요. 조선을 강탈한 일제가 조선 왕실을 일본 천황의 아래에 둔다는 의미로 '이씨 왕조(이조)'라는 말을 사용했고, '이씨 왕조'를 의미하는 오얏꽃 문양을 창덕궁과 경운궁 내 건물 곳곳에 붙였다는 섭니다.

국보 226호 창경궁 명정전

동궐은 어디일까요? 창덕궁과 창경궁을 함께 동궐이라고 부릅니다. 경복궁의 동쪽에 있어 붙은 이름이죠.

경복궁은 1395년, 창덕궁은 1405년에 완공했고, 창경궁은 1483년 성종 때 수강궁(세종이 상왕 태종을 위해 지은 궁)이라는 작은 궁을 확장해서 건축합니다. 성종이 즉위했을 때 왕실에는 세 분의 대비가 계셨습니다. 세조비인 정희왕후와 세조의 큰아들인 의경세자(성종의 아버지)의 부인인 소혜왕후, 그리고 예종비 안순왕후죠. 세 분 대비를 편안히 모시기 위해 창경궁을 지었고, 그래서 창경궁은 왕의 정치적 공간이라는 의미보다는 왕실 가족의 거주 공간으로서 의미를 갖습니다.

조선의 다른 궁궐처럼, 아니 그보다 더 가혹하게 창경궁은 수난을 겪습니다. 임진왜란 때 불탄 것을 1615년(광해군 7)에 재건했지만, 인조반

국보 226호 창경궁 명정전

정 등 여러 사건으로 인해 훼손과 재건을 반복합니다. 이에 더하여 일제 강점기에는 창경궁 안에 동물원과 식물원이 조성되면서 창경원이라 불렸죠. 동물원은 과천 서울대공원으로 옮겼지만, 지금도 식물원 온실은 창경궁 경내에 남아 그때의 아픔을 되새기게 합니다.

국보 226호 창경궁 명정전은 1484년(성종 15)에 건립했다가 임진왜란 후 1616년에 중건되었습니다. 조선 5대 궁궐의 정전 중 가장 오래된 건물이죠. 경복궁의 근정전(2층)과 창덕궁의 인정전(2층)에 비하면 규모가 작은 1층 전각입니다. 창경궁이 정치 공간의 의미보다는 거주 공간의 의미가 컸기 때문입니다.

성종은 왜 대비 세 분을 모시게 되었을까요?

두 대비(안순왕후, 인수대비)가 창경궁에 이어(移御)하니, 임금이 홍화문 안에서 영접하였다. 승정원에 어서(御書)를 내리기를,

"새로 창경궁을 세운 것은 본래 삼전(정희왕후, 안순왕후, 인수대비)을 위한 것이다."

《조선왕조실록》성종 16년 5월 7일 기사의 내용입니다. 창경궁을 세운 목적이 세 대비를 모시기 위한 것이라고 밝히고 있죠. 대비(大妃)는 선왕(先王)의 왕비입니다. 아버지 왕으로부터 아들 왕이 정상적으로 왕권을 물려받았다면 왕의 어머니가 대비가 되는 거죠. 할아버지 왕의 왕비, 즉 할머니가 살아 계신다면 두 분의 대비를 모실 수도 있습니다.

그렇다면 성종은 어머니와 할머니, 그리고 증조할머니까지 모셨던 걸까요? 성종이 세 분의 대비를 모시게 된 까닭은 성종의 왕위 결정 과정

을 살펴보면 알 수 있습니다.

대비(정희왕후)가 얼마간 슬피 울고 나서 정현조와 권감에게 명령하여 여
러 원상에게 두루 묻기를,
"누가 주상(主喪)할 만한 사람인가?"
하니 신숙주 등이 말을 같이하여 아뢰기를,
"이 일은 신 등이 감히 의논할 바가 아닙니다. 교지(敎旨)를 듣기 원합니다."
하였다. 대비가 말하기를,
"원자(제안대군)는 바야흐로 포대기 속에 있고, 월산군은 본디부터 질병이
있다. 자산군(성종)은 비록 나이는 어리지마는 세조께서 매양 그의 기상과
도량을 일컬으면서 태조에게 견주기까지 하였으니, 그로 하여금 주상(主
喪)하게 하는 것이 어떻겠는가?"
하니 신숙주 등이 대답하기를,
"진실로 마땅합니다."

《성종실록》의 첫 번째 기사 중 일부입니다. 성종이 왕위를 잇게 되는
과정이 담겨 있죠. 예종이 승하하자 왕실의 큰 어른인 세조비 정희왕후
와 신숙주 등 권력을 장악하고 있던 원상들은 예종의 뒤를 누가 이을 것
인가 논의하고 있습니다. 신하들은 대비의 결정을 기다리고 있지만, 사
전에 어느 정도 교감이 있었겠죠.
자산군 또는 자을산군이라 불렸던 성종은 왕위 계승 서열로 따지자
면 3순위에 불과했습니다. 정희왕후의 말에서 알 수 있는 것처럼, 1순위
는 예종의 아들인 원자(제안대군)였고, 2순위는 성종의 형인 월산군이었

죠. 제안대군은 4살이라 너무 어렸다고 하더라도, 2순위였던 16세의 월산군이 왕위를 물려받는 것이 자연스럽습니다. 그렇다면 13세였던 성종은 어떻게 왕이 될 수 있었을까요? 그 비밀은 성종의 장인에게 있습니다. 성종은 당시 최고의 권력자인 한명회의 사위였거든요.

정희왕후는 남편 세조가 조카인 단종을 몰아내고 왕위를 차지하는 과정을 속속들이 알고 있었습니다. 왕위 계승 서열 1순위 제안대군, 2순위 월산군, 3순위 자산군 중 누가 왕이 되더라도 취약할 수밖에 없는 상황에서 정희왕후는 든든한 후원자가 있는 자산군을 선택한 것입니다. 그리고 후계자가 결정되자마자, 예종이 죽은 바로 그날 성종은 즉위합니다. 문종은 세종 승하 후 5일 만에, 단종은 문종 승하 후 4일 만에 즉위식을 가졌었는데 말이죠.

이제 성종이 왜 대비 세 분을 모시게 되었는지 알 수 있습니다. 먼저 할머니인 세조비 정희왕후와 선왕 예종의 왕비인 안순왕후를 모셨고요. 비록 왕비는 되지 못했지만, 아들 덕에 대비가 된 인수대비까지 해서 세 분을 모시게 됩니다. 인수대비는 세조의 첫째 아들 의경세자의 부인인데요. 장차 왕비의 지위가 보장되어 있었지만, 의경세자가 20세의 나이로 세상을 떠나면서 의경세자의 동생인 예종이 왕위에 오르는 것을 지켜봐야만 했죠. 의경세자 또한 아들 성종 덕분에 사후에 덕종으로 추존됩니다.

국보가 뭐죠?

국보급 선수, 국보급 목소리, 국보급 활약, 국보급 요리… 우리는 뭔

가 대단한 대상을 지칭할 때 '국보급'이라는 수식어를 붙입니다. 국어사
전에는 '나라의 보배가 될 정도로 매우 중요한 사람이나 물건 따위를 비
유적으로 이르는 말'이라고 풀이되어 있죠. 도대체 국보가 뭐길래, 매우
중요한 사람이나 물건을 가리키게 되었을까요?

국보가 뭔지 이해하려면 먼저 문화재가 무엇인지 알아야 합니다. 문
화재청 홈페이지에서는 '조상들의 삶의 지혜가 담겨 있고 우리가 살아
온 역사를 보여주는 귀중한 유산'이라고 문화재를 풀이합니다. 문화재
보호법에서는 '인위적이거나 자연적으로 형성된 국가적 · 민족적 또는
세계적 유산으로서 역사적 · 예술적 · 학술적 또는 경관적 가치가 큰 것'
이라고 문화재를 정의하면서, 다음 표와 같이 문화재를 분류합니다.

종류		뜻	예
유형 문화재		역사적 · 예술적으로 보존할 가치가 있는 문화재 가운데 일정한 형태를 지닌 것	서울 숭례문
무형 문화재		연극 · 음악 · 무용 · 공예기술 등 형태가 없는 문화적 소산으로서 역사적 · 예술적 또는 학술적 가치가 큰 문화재	종묘제례악
기념물	사적	성곽 · 옛무덤 · 궁궐 · 도자기 가마터 등 사적지로서 역사적 · 학술적 가치가 큰 것	경주 포석정지
	명승	경승지로서 학술적 · 경관적 가치가 큰 것	명주 청학동 소금강
	천연 기념물	동물 · 식물 · 광물 · 지질 · 동굴 · 특별한 자연현상 등 생성물로서 역사적 · 예술적 또는 학술적 가치가 큰 것	대구 도동 측백나무 숲
민속 문화재		의식주 · 생업 · 신앙 · 연중행사 등에 관한 풍습 · 관습과 이에 사용되는 의복 · 기구 · 가옥 등으로서 일상생활의 발전 과정을 이해하는데 중요한 것	덕온공주 당의

문화재청장은 문화재위원회의 심의를 거쳐 역사적·예술적으로 보존할 가치가 있는 문화재 가운데 일정한 형태를 지닌 유형문화재 중 중요한 것을 보물로 지정할 수 있습니다.

그리고 문화재청장은 보물에 해당하는 문화재 중 인류문화의 관점에서 볼 때 그 가치가 크고 유례가 드문 것을 문화재위원회의 심의를 거쳐 국보로 지정할 수 있고요.

우리나라 유형문화재 중 가치가 높은 것을 보물로 지정하고, 그 보물 중에서도 손꼽히는 문화재를 국보로 지정하는 것입니다. 보물은 'best', 국보는 'best of best' 라고 정리할 수 있겠죠?

다음의 5가지 기준에 의해 국보를 지정하는데, 각 기준에 따라 국보 지정의 이유를 판단해보는 것도 재미있습니다.

1. 보물에 해당하는 문화재 중 특히 역사적, 학술적, 예술적 가치가 큰 것
2. 보물에 해당하는 문화재 중 제작 연대가 오래되었으며, 그 시대의 대표적인 것으로서, 특히 보존 가치가 큰 것
3. 보물에 해당하는 문화재 중 조형미나 제작기술이 특히 우수해 그 유례가 적은 것
4. 보물에 해당하는 문화재 중 형태·품질·제재(製材)·용도가 현저히 특이한 것
5. 보물에 해당하는 문화재 중 특히 저명한 인물과 관련이 깊거나 그가 제작한 것

한 장소에는 여러 지정문화재가 공존할 수 있는데 창덕궁을 예로 들면, 창덕궁 전체 권역은 사적 122호로 지정되어 있습니다. 창덕궁 안에는 국보 225호 창덕궁 인정전을 비롯하여 보물 383호 창덕궁 돈화문, 보물 814호 창덕궁 선정전 등 다수의 유형문화재가 있고요. 천연기념물

251호 창덕궁 다래나무, 천연기념물 471호 창덕궁 뽕나무 등도 창덕궁 권역 안에 있습니다.

창덕궁은 1997년에 유네스코 세계문화유산으로 지정되기도 했습니다. 유네스코(UNESCO)는 1972년에 맺은 '세계 문화 및 자연 유산의 보호에 관한 협약(세계유산협약)'에 따라 세계 각국의 문화재 중 인류적 차원에서 보호해야 할 뛰어난 보편적 가치가 있는 것들을 세계유산으로 지정하고 있습니다.

유네스코 등재 유산은 크게 세 종류가 있는데, 세계유산, 인류무형문화유산, 세계기록유산이 그것입니다. 세계유산은 다시 문화유산, 자연유산, 복합유산으로 나뉘는데, 우리나라에는 모두 14건의 세계유산이 있습니다.(제주화산섬과 용암동굴은 세계자연유산이고, 나머지 13건은 세계문화유산입니다)

유산명	지정 연도	유산명	지정 연도
해인사 장경판전	1995	제주 화산섬과 용암동굴	2007
종묘	1995	조선왕릉	2009
석굴암, 불국사	1995	한국의 역사마을 : 하회와 양동	2010
창덕궁	1997	남한산성	2014
수원화성	1997	백제역사유적지구	2015
고창, 화순, 강화 고인돌 유적	2000	산사, 한국의 산지승원	2018
경주역사유적지구	2000	한국의 서원	2019

또한 유네스코는 각국의 무형문화유산에도 관심을 갖고 이들의 보존과 전승을 위하여 2001년부터 유네스코 인류무형문화유산을 지정했고, 2003년에는 무형문화유산 보호 협약을 채택하기도 했죠. 우리나라에는 총 20건의 인류무형문화유산이 있습니다.

유산명	지정 연도	유산명	지정 연도
종묘제례 및 종묘제례악	2001	매사냥	2010
판소리	2003	택견	2011
강릉단오제	2005	줄타기	2011
남사당놀이	2009	한산모시짜기	2011
강강술래	2009	아리랑	2012
처용무	2009	김장	2013
영산재	2009	농악	2014
제주칠머리당영등굿	2009	줄다리기	2015
가곡	2010	제주해녀문화	2016
대목장	2010	씨름	2018

마지막으로 세계기록유산은 인류사적으로 귀중한 기록물을 지정해 보호합니다. 서적이나 문서 등 문자로 기록되어 있는 문화재뿐만 아니라 기호, 이미지, 오디오나 비디오 등의 전자 데이터도 포함하죠. 유네스코 세계기록유산으로 등재된 우리나라 문화재는 다음과 같습니다.

유산명	지정 연도	유산명	지정 연도
조선왕조실록	1997	5.18 민주화운동 기록물	2011
훈민정음 해례본	1997	난중일기	2013
직지심체요절 하권	2001	새마을운동 기록물	2013
승정원일기	2001	한국의 유교책판	2015
조선왕조 의궤	2007	KBS 특별생방송 '이산가족을 찾습니다'	2015
해인사 팔만대장경판 및 제 경판	2007	조선왕실 어보와 어책	2017
동의보감	2009	국채보상운동 기록물	2017
일성록	2011	조선통신사 기록물	2017

국보 249호 동궐도는 누가 그렸을까요?

　일제강점기를 거치면서 조선 궁궐의 수많은 전각이 훼손됩니다. 창덕궁과 창경궁도 예외가 아니었는데요. 앞서 얘기한 것처럼 창덕궁은 창경원으로 격하되기까지 했죠.

　대한민국 정부는 1985년에 창경궁, 1990년에는 창덕궁을 복원하기 시작합니다. 시작이 늦었음에도 불구하고, 창덕궁과 창경궁을 원형에 가깝게 복원할 수 있었던 이유는 뭘까요? 그건 창덕궁과 창경궁을 그린 국보 249호 동궐도가 있었기 때문입니다.

　동궐도는 현재 2점이 전해지고 있습니다. 국보 249-1호 동궐도는 고려대학교 박물관에서 소장 중이며, 16권의 화첩으로 이루어져 있죠. 다른 하나는 국보 249-2호로 지정되었고, 부산 동아대학교 석당박물관에서 소장 중인데 병풍 형태로 전해졌습니다. 고려대본을 기준으로 보면 전체 크기는 가로 584cm, 세로 273cm이며, 16권의

국보 249호-1 동궐도 (고려대학교 박물관 소장)

화첩은 각각 6면으로 구성되는데, 각 면의 크기는 가로 36.3cm, 세로 45.7cm입니다. 특히 고려대본은 각 화첩의 표지마다 '동궐도 인일(東闕圖 人一)'처럼 일련번호가 붙어 있어서, 동궐도는 '천지인(天地人)' 3부가 그려졌을 것으로 추정합니다. 동아대본이 천(天) 또는 지(地) 중 하나에 해당하겠죠.

동궐도는 창덕궁과 창경궁을 오른쪽 위에서 비껴 내려다보며, 넓은 공간에 복잡하게 자리 잡은 건축물들을 효과적으로 보여줍니다. 창덕궁과 창경궁의 전각들뿐만 아니라 연못, 우물, 장독대, 괴석, 해시계 등 작은 물건까지 세밀하게 묘사했으며, 산과 나무의 치밀한 묘사를 살펴보면 당대 최고의 화가들인 도화서 화원들의 작품이란 걸 알 수 있죠.

그럼, 왜 도화서 화원들은 동궐도를 그린 걸까요?

궁궐은 정치의 공간이자 왕과 가족의 생활공간입니다. 군주 국가였던 조선에서 왕이 사는 궁궐은 비밀의 공간이었죠. 그 누구도 쉽게 접근할 수 없는 궁궐을 도화서 화원들에게 그리게 할 수 있는 사람은 단 한 사람, 왕밖에 없을 겁니다. 하지만 왕의 일거수일투족을 꼼꼼하게 기록한 《조선왕조실록》, 《승정원일기》 등 어느 기록에서도 동궐도를 그리라는 명을 내린 왕을 찾을 수 없습니다.

동궐도를 그리라고 명한 왕은 누구일까요? 그건 동궐도에 그려진 전각들을 살펴보면 짐작할 수 있습니다. 첫 번째 힌트는 창덕궁 경복전입니다. 경복전은 1824년에 소실되었는데, 동궐도에는 빠져 있습니다. 동궐도는 1824년 이후에 그려진 것이죠.

두 번째 힌트는 창덕궁 후원의 연경당입니다. 연경당은 사대부 양반가를 모델로 지은 건물인데, 1828년에 지어졌고 동궐도에 그려져 있습니다. 마지막 힌트는 창경궁의 환경전과 경춘전인데요. 이들 건물은 1830년에 소실되었는데, 동궐도에는 그려져 있죠. 종합하면 연경당이 세워진 1828년에서 환경전과 경춘전이 사라진 1830년 사이에 동궐도가 그려졌다는 것을 알 수 있습니다.

1828년에서 1830년 사이에 조선을 다스린 왕은 순조입니다. 그럼 순조가 동궐도를 그리라고 한 주인공일까요? 순조는 1827년부터 아들 효명세자에게 대리청정을 맡깁니다. 불행히도 효명세자는 대리청정을 맡은 후 4년 만에 22살을 일기로 세상을 떠나지만, 동궐도를 그리라고 명한 사람은 효명세자일 가능성이 높은 것이죠.

동궐도에는 창덕궁 후원 규장각이 다른 건물보다 8배 이상 크게 그려져 있는데요. 할아버지 정조의 정치를 흠모한 효명세자가 정조 시대 개혁의 상징인 규장각을 확대해서 그리라고 한 것은 아닐까요?

가족과 함께 이야기 나누고 싶은 질문들을 적어보세요

간송미술관

1906년 서울에서 태어난 전형필은 일본에서 법을 공부했으며, 24살의 나이에 막대한 재산을 상속받았다. 엄혹한 일제강점기를 산 간송은 젊은 시절 위창 오세창을 만나 우리 문화의 중요성을 깨닫고 소중한 우리 문화재를 지키기 위해 노력했다. 전형필은 문화재의 체계적인 관리와 전시를 위해 1938년에 우리나라 최초의 사립 박물관인 보화각을 열기도 했다. 간송은 아버지의 유훈을 따라 보성중학교를 인수하는 등 교육사업에도 자신의 재산을 아끼지 않았다. 민족의 문화유산을 지키기 위한 수호신 역할을 자임하던 간송은 1962년 57세의 나이로 세상을 떠났지만, 그의 뜻은 보화각의 뒤를 이은 간송미술관에 지금까지 남아 있다.

"이 푸른 그릇은 어디서 만든 것이오?"
"이 나라의 고려 시대 것입니다."
"이런 물건은 이 나라에는 없는 것이오."

고종과 이토 히로부미가 나눈 대화입니다. 고려청자는 대부분 무덤의 부장품으로 묻혀있었기 때문에, 고종은 "이런 물건은 이 나라에 없는" 것이라고 얘기했죠. 임금조차 보지 못했던 고려청자를, 구한말에 일제는 무자비하게 도굴했습니다. 그리고 많은 청자가 일본으로 건너갔죠.

이런 안타까운 현실에서 간송 전형필은 힘이 닿는 데까지 우리 문화재를 지키려고 노력했는데요. 대표적인 문화재들이 바로 국보 68호 청자 상감운학문 매병을 포함한 도자기들입니다.

국보 68호 청자 상감운학문 매병

국보 68호 청자상감운학문매병은 고려청자의 대표일 뿐만 아니라 우리나라를 대표하는 문화재입니다. 해외에서 우리 문화재를 전시할 때마다 단골손님으로 초청 받아 나가기도 했고요.

높이 42cm, 밑지름 16.5cm, 입지름 6cm의 청자 상감운학문 매병은 넓고 당당한 어깨로부터 아래쪽으로 매끄러운 곡선이 아름답고, 고려청자 특유의 비색이 잘 표현된 작품입니다. 또한 상감기법을 이용하여 이중의 원 안에는 42마리 학이 날아오르는 모습으로, 그리고 원 밖에는 27마리 학이 지상으로 내려오는 모습으로 새겼습니다. 여백에는 구름무늬를 표현하여 '운학문 매병'이라 칭하고요. 총 69마리의 학이 있지만, 돌려가며 보면 마치 천마리 학이 나는 듯하다고 해서 '천학매병'이라 부르기도 합니다.

일본인 도굴꾼 야마모토는 고려 무신정권기의 집권자였던 최우의 무덤으로 알려진 곳에서 이 '천학매병'을 도굴했습니다. 당시 도굴꾼들은 쇠꼬챙이를 탐침봉 삼아 무덤 속에 청자가 있는지 확인했는데요. 운학문 매병의 둥근 어깨 부분에는 탐침 당시의 철장 자국이 지금도 남아 있습니다. 이후 골동품상 스즈키와 조선인 의사 신창재를 거쳐 또 다른 골동품상인 마에다가 운학문 매병을 소유합니다.

국보 68호 청자 상감운학문 매병

마에다는 조선총독부에 이 운학문 매병을 넘기려고 했는데, 조선총독부가 제시한 가격 1만 원을 마에다가 거절합니다. 이때 우리의 문화재를 수없이 지켜낸 간송 전형필이 당시 기와집 스무 채 가격인 2만 원을 치르고, '천학매병'이 일본으로 유출되는 것을 막았죠. 나중에 일본인 수장가 무라카미가 간송에게 4만 원의 가격을 제시하며 운학문 매병을 팔라고 하지만, 전형필은 이렇게 말하며 그 제의를 거절합니다. 운학문 매병에 대한 간송의 자신감을 볼 수 있는 장면입니다.

"이 천학매병보다 더 좋은 청자를 저에게 주신다면 그 대가는 시세대로 드리고, 천학매병은 제가 치른 2만 원에 드리겠습니다."

국보 294호 백자 청화철채동채초충문 병

높이 42.3cm, 입지름 4.1cm, 밑지름 13.3cm의 국보 294호 백자 청화철채동채초충문 병은 단순한 형태에 무늬 새기는 것을 절제하는 조선백자의 일반적 특징에서 벗어나는 이례적 작품입니다.

병의 앞뒤에는 국화와 난초가 자리 잡고 있고, 벌과 나비들이 노니는 모습이 표현되어 있습니다. 돋을무늬로 새긴 무늬 중 난초는 청화(푸른색 안료), 국화는 진사(붉은색 안료), 국화 줄기와 잎은 철사(철색이나 흑갈색 안료), 벌과 나비는 철사 또는 진사로 각각 채색하였고, 빛깔과 무늬 등을 통해 18세기 전반 경기도 광주 관요에서 제작된 것으로 추정합니다.

국보 294호 백자 청화철채동채초충문 병이 참기름병으로 사용되었던 사실을 아시나요?

이야기는 이렇게 시작합니다. 경기도 팔당 부근에 살던 한 할머니는 참기름병이 필요할 때마다 집 근처 가마터에 가서 병을 구했습니다. 그곳이 지난 시절 조선의 분원 가마터였다는 사실은 까맣게 모르고 말이죠. 어느 날 할머니는 백자병에 참기름을 담아 중간 상인에게 팔았는데, 그 중간 상인이 마침 일본의 골동품상인 무라노의 부인에게 참기름을 팔았습니다. 무라노의 부인은 참기름 가격에 1원을 더 주고 병도 함께 넘겨 받았고요.

국보 294호 백자 청화철채동채초충문 병

백자 초충문병의 가치를 알아본 무라노는 60원을 받고 다른 골동품상에게 이 백자를 넘겼는데, 얼마 후 스미이 다쓰오라는 수장가가 600원을 주고 이 백자를 소장했습니다. 스미이는 1932년에 일본으로 귀국하면서 자신의 수장품들을 경성구락부 경매에 출품했는데요. 이때 모리 고이치가 3,000원에 백자를 낙찰받았습니다.

이후 1936년에 모리 고이치가 세상을 떠나면서 다시 한번 경매에 나온 국보 294호 백자 청화철채동채초충문 병은 전형필이 15,000원에 낙찰받으면서 간송미술관에서 수장하게 되었습니다.

개쓰비 컬렉션

영국인 변호사 존 개쓰비(John Gadsby)는 25세 때 일본에 온 후 다양한 골동품을 수집했습니다. 그러던 중 고려청자의 매력에 빠지고, 22점의 수준 높은 청자를 소장하게 됩니다. 1936년 일본 국내 사정이 혼란스러워지자 개쓰비는 영국으로 돌아가기로 결심하고, 소장한 청자들을 처분합니다. 이때 간송 전형필이 등장합니다. 개쓰비가 영국으로 가져간 2점을 빼고 20점의 청자를 당시 기와집 400채 가격인 40만 원에 인수했죠. 당대 최고의 거부였던 전형필도 40만 원이라는 거금을 마련하기 위해서는 집안 대대로 내려오던 충남 공주 지역의 땅을 처분해야 했을 정도로 큰 거래였다고 합니다.

국보 65호 청자 기린형뚜껑 향로

국보 65호는 높이 20cm이며, 상상 속 동물인 기린이 뚜껑 부분에 꿇어앉아 고개를 뒤로 돌린 모습으로 표현했습니다. 기린의 모습대로 머리에 달린 뿔도 함께 표현했으나 지금은 부러진 상태입니다. 향로 몸통

에는 음각으로 구름무늬를 새겼고, 몸통을 받치는 세 개의 다리는 동물의 얼굴 모양입니다. 향을 피우면 기린의 입을 통해 연기가 나오고, 국보 65호처럼 동물의 모습을 본뜬 향로의 파편들이 전남 강진 가마터에서 발견되고 있어 제작 장소를 추정하게 합니다.

국보 65호 청자 기린형뚜껑 향로

국보 66호 청자 상감연지원앙문 정병

불교에서 정병은 비구가 지녀야 하는 18물 중 하나로, 정수를 담는 물병입니다. 서긍의 《선화봉사고려도경》을 보면 불가에서뿐만 아니라 관가와 민가에서도 정병에 물을 담아 썼다는 기록이 있죠. 국보 66호는 높이 37cm, 밑지름 8.9cm이며, 목과 어깨의 선이 부드럽습니다. 백상감 기법으로 평화로운 연못가의 모습을 표현했고, 이는 국보 92호 청동 은입사 포류수금문 정병을 연상케 합니다. 청자의 상감

국보 66호 청자 상감연지원앙문 정병

기법과 청동기의 은입사기법의 관련성도 생각하게 하고요. 전남 강진의 가마터에서 이 정병과 비슷한 조각이 발견되어 제작지로 추정합니다.

국보 74호 청자 오리모양 연적

국보 74호는 오리를 형상화한 높이 8cm, 너비 12.5cm의 연적입니다. 오리는 꼬인 연꽃 줄기를 입에 물고 있고, 등에 있는 연잎에는 물을 넣는 구멍이 뚫려 있죠. 오리 주둥이 오른쪽에 물을 따르는 구멍이 있었는데, 파손되어 원래의 모습은 알 수 없습니다. 깃털까지 세밀하게 표현한 기법과 맑은 비색을 보여주며, 12세기 전반기에 전남 강진군 사당리 가마에서 제작한 것으로 추정합니다.

국보 74호 청자 오리모양 연적

국보 270호 청자 모자원숭이모양 연적

국보 270호는 높이 10cm의 연적입니다. 어미 원숭이가 앉아서 새끼

국보 270호 청자
모자원숭이 모양 연적

원숭이를 안고 있는 모습인데, 어미의 머리에는 물을 담는 구멍이, 새끼의 머리에는 물을 따라내는 구멍이 뚫려 있습니다. 어미 원숭이의 눈, 코, 입과 새끼 원숭이의 눈에 철사 안료로 점을 찍어 표현했고, 전체적으로 안정된 형태와 맑은 비색을 보여줍니다. 12세기 중반 고려청자 전성기에 만들어진 작품입니다.

간송 전형필이 가장 아낀 문화재는 뭘까요?

간송미술관에는 앞서 소개한 청자와 백자 6점 외에 6점의 국보가 더 있습니다. 모두 12점의 국보를 소장하고 있죠. 간송 전형필은 국보 외에도 10여 점의 보물과 함께 수많은 문화재를 지켜냈는데요. 어느 것 하나 소중하지 않은 것이 없겠지만, 간송이 가장 아꼈던 보물은 뭘까요?

국보 70호	훈민정음
국보 71호	동국정운 권1,6
국보 72호	금동계미명삼존불입상
국보 73호	금동삼존불감
국보 135호	신윤복필 풍속도 화첩
국보 149-1호	동래선생교정북사상절 권4,5

바로 국보 70호 훈민정음입니다. 1950년 한국전쟁이 발발했을 때 다른 문화재는 갖고 가지 못했지만, 단 한 점 훈민정음만은 가슴에 품고 피난을 떠났죠. 잘 때도 훈민정음을 보관한 오동나무 상자를 베개 삼아 잤다고 합니다.

간송은 1943년에 훈민정음을 소장합니다. 태평양 전쟁이 한창이던 시절, 일제는 민족문화 말살 정책을 펴며 우리의 말과 글, 역사를 지우려고 합니다. 이런 엄중한 시기에 전형필은 국문학자이자 사회주의자였던 김태준의 도움으로 훈민정음을 손에 넣을 수 있었죠. 훈민정음 판매자는 광산 김씨 종가의 사위였던 이용준이었는데, 김태준과 이용준은 훈민정음 가격으로 당시 기와집 한 채 가격이었던 천 원을 생각했습니다. 간송은 훈민정음과 같은 위대한 유산은 만 원의 가치가 있다면서 만 원을 지불하고 김태준에게는 구전으로 천 원을 더 주었죠. 이후 광복 때까지 간송은 훈민정음의 소장 사실을 숨겼고, 한국전쟁 후 영인본을 출판하여 국어학자들이 체계적으로 한글을 연구할 수 있도록 돕습니다.

"문자를 쓰는 데는 세 가지 다른 방법이 있다. 첫 번째 것은 주로 쓰는 방식인데 중국이나 일본의 글자와 같다. 조정과 관계된 공식적인 국가 문서뿐만 아니라 모든 책들이 이런 식으로 인쇄된다. 두 번째 것은 네덜란드의 필기체처럼 매우 빨리 쓰는 문자가 있는데 이 문자는 고관이나 지방관들이 포고령을 쓰거나 청원서에 대한 권고를 덧붙일 때 쓰며 서로 편지를 쓸 때에도 사용한다. 일반 백성들은 이 문자를 잘 읽을 수가 없다. 세 번째 것은 일반 백성들이 사용하는 문자로 배우기가 매우 쉽고, 어떤 사물이든지 쓸 수 있다. 전에 결코 들어 보지 못한 것도 표기할 수 있는, 더 쉽고 더 나은 문자 표기 방법이다."

1653년(효종 4)에 일본에 가려다가 표류하여 1666년(현종 7)까지 조선에 머물러야 했던 하멜이 《하멜표류기》에 남긴 기록입니다. 그가 말한 세 번째 문자 표기 방법이 바로 훈민정음이죠. 10여 년의 짧은 체류 기간에도 불구하고, 그는 한글의 우수성을 느낄 수 있었던 겁니다. 유네스코가 문맹 퇴치에 기여한 사람이나 단체에게 '세종대왕상'을 주는 이유가 여기에 있습니다.

국보 70호 훈민정음은 훈민정음 원본 혹은 훈민정음 해례본이라고도 합니다. 훈민정음은 크게 예의편과 해례편으로 나누어져 있는데, 예의 부분이 4장 7면 면마다 7행에 매행 11자로 되어 있고, 해례 부분은 26장 51면 3행으로 면마다 8행에 매행 13자, 정인지의 서문은 3장 6면 면마다 8행에 매행 12자로 되어 있죠. 모두 33장 1책으로 구성된 목판본입니다. 훈민정음은 목판으로 인쇄되어 전국 방방곡곡에 배부되었을 텐데요.

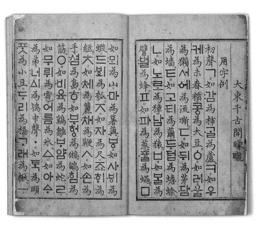

연산군 시절에 자신을 저주하는 한글 투서가 발견되자 연산군이 한글 금지령을 내리고 한글로 쓰인 책들을 불태우면서 많은 훈민정음 해례본이 없어졌을 것으로 추정합니다.

국보 70호 훈민정음

훈민정음 예의편은 세종대왕이 직접 썼습니다. 학교에서 배우는 '나랏말싸미 듕귁에 달아 문자와로 서로 사맛디 아니할세'가 예의 부분의 시작이죠. 우리말이 중국과 달라 백성들이 말하고자 하는 바를 제대로 표현하지 못해 안타까웠던 세종대왕은 새로 스물여덟 자를 만들어 모든 백성이 쉽게 익혀 편하게 사용하도록 훈민정음을 창제했습니다. 훈민정음 창제의 목적을 밝힌 저자 서문과 함께 새 글자의 음가와 운용법을 설명하는 부분이 예의편입니다.

훈민정음 해례편은 새로 만든 글자의 원리를 밝히고, 각 문자가 표시하는 음운체계 등을 자세히 설명하는 부분입니다. 다섯 해설과 하나의 예시가 실려 있어 해례(解例)가 되었죠. 훈민정음 창제 후 세종대왕은 정인지, 신숙주, 성삼문, 최항, 박팽년, 강희안, 이개, 이선로 등 집현전의 학사 8명에게 훈민정음 해설서를 쓰게 했습니다. 특히 해례편 중 '제자해'에서 문자를 만든 원리, 자음체계, 모음체계 등을 설명하고 있는데, 이를 통해 우리는 세종이 발음기관의 모양을 본떠 한글을 창제했음을 알 수 있습니다.

해례편 중 초성해, 중성해, 종성해에서는 한글의 초성, 중성, 종성에 대해 각각 다시 설명하고, 합자해에서 초성, 중성, 종성이 어떻게 합해져 음절이 되는지 보여줍니다. 용자례에서는 '벌(蜂)', '어름(氷)', '드리(橋)' 등 단어의 활용 예시를 통해 훈민정음을 어떻게 사용할 수 있는지 설명하고 있죠. 마지막으로 정인지 서문에서는 훈민정음의 창제 이유, 창제자, 우수성 등과 함께 이 책의 편찬자와 편찬연원일(정통 11년(1446) 9월 상한)을 밝히고 있습니다.

1962년 국보 70호로 지정된 훈민정음은《조선왕조실록》과 함께 우리나라에서 처음으로 1997년에 유네스코 세계기록유산으로 지정되었습니다. 훈민정음은 언어를 창제한 목적, 사용법, 창제 원리 등이 밝혀진 유일한 언어입니다. 한국의 문해율이 높은 것도 훈민정음 덕분입니다.

국보 326호 순화4년명 항아리도 청자인가요?

청자 순화4년명 항아리는 높이 35.2cm, 입지름 20cm, 밑지름 6.8cm입니다. 항아리 굽 밑에 '淳化四年癸巳 太廟第一室享器 匠崔吉會造 (순화사년계사 태묘제일실향기 장최길회조)'라는 명문이 있어, 제작 시기와 용도, 제작자가 밝혀진 작품입니다. 순화4년은 993년(성종 12)인데, 이는 지금까지 알려진 명문이 있는 청자 중에 가장 오래된 것입니다. 고려 태묘는 989년에 착공하여 992년에 완공되는데, 국보 326호는 준공 이듬해부터 태묘 1실에서 사용하기 위해 최길회라는 장인이 제작한 것입니다.

청자 순화4년명 항아리의 빛깔은 우리가 고려청자를 생각하면 떠올리는 아름다운 비색과 다릅니다. 황갈색 계통으로 올리브색에 가까운 빛깔을 띠는데, 중국으로부터 넘어온 청자 기술이 정착하지 못한 초기 청자의 모습을 보여주는 유물로 평가받고 있습니다.

하지만 붉은 빛을 띠는 청자라니, 좀 이상하지 않나요? 고려청자

국보 326호 청자 순화4년명 항아리

에는 '산화와 환원'(산화는 어떤 물질이 산소와 결합하는 반응이고, 환원은 어떤 물질에서 산소가 떨어져 나가는 반응이다. 산화와 환원은 항상 동시에 일어난다)이라는 과학이 숨어 있습니다. 도자기를 구울 때 가마의 입구를 크게 하느냐, 작게 하느냐에 따라 청자의 빛깔이 결정되는데요. 도자기의 재료인 흙과 유약에는 철 성분이 들어있고, 산소와 결합한 산화철의 형태로 존재합니다. 가마 입구를 크게 하면, 가마 속으로 들어가는 공기, 즉 산소가 충분해서 완전연소가 일어나고, 도자기의 산화철은 산소를 잃지 않고 그대로 있습니다. 그래서 산화철의 붉은색이 나타나 국보 326호처럼 붉은색 계통의 청자가 만들어집니다.

　반대로 가마 입구를 작게 하면, 가마 속으로 들어가는 산소가 부족해서 불완전 연소가 일어납니다. 불완전 연소가 생기면 이산화탄소와 물, 그리고 일산화탄소와 그을음이 생기는데, 특히 이 일산화탄소 때문에 청자의 아름다운 비색이 만들어질 수 있습니다. 그 과정을 살펴보면 불완전 연소 때 생긴 일산화탄소는 산화철의 산소를 빼앗아 이산화탄소가 되어 사라집니다. 즉 일산화탄소는 산화되고, 산화철은 환원되면서 도자기에 남은 물질들이 서로 반응해서 푸른색을 만들어내는 것이죠. 이런 과정을 거쳐 아름다운 비색을 갖춘 고려청자가 탄생하는 것입니다. 12세기 전반기를 고려청자의 전성기로 보는데, 이때의 대표적인 작품이 바로 국보 60호 청자 사자 장식 향로입니다. 국보 326호 항아리와 빛깔을 비교해서 살펴보세요.

국보 60호 청자 사자 장식 향로
　1123년 고려에 온 송나라 사신 서긍이 쓴《선화봉사고려도경》의 '기명' 부분에 다음과 같은 글을 전합니다.

"산예출향도 비색이다. 위에는 짐승이 웅크리고 있고 아래에는 봉오리가
벌어진 연꽃무늬가 떠받치고 있다. 여러 그릇 가운데 이 물건만이 가장 정
교하고 빼어나다."

산예는 사자, 출향은 향이 나는 것이니 향로라 할 수 있습니다. 서긍
이 본 향로는 연꽃무늬 받침에 사자 뚜껑을 한 향로였나본데, 국보 60호
는 연꽃 무늬 받침은 아닙
니다.

국보 60호 청자 사자 장
식 향로는 높이가 21.2cm
이며, 사자 머리 모양의 세
다리가 몸체를 받치고, 향
을 피우면 뚜껑 위에 서 있

국보 60호 청자 사자 장식 향로

는 사자의 몸을 통과해 사자의 입으로 향이 나오게 됩니다. 서긍이 국보
60호 청자 사자 장식 향로를 봤다면 어떻게 글을 남겼을까요?

국보 180호 김정희 필 세한도를 감상해볼까요?

간송 전형필은 우리 문화재를 수집하는 과정에서 많은 사람들의 도움을 받았습니다. 특히 3.1 운동 민족대표 33인 중 한 명인 위창 오세창의 도움이 컸는데요. 오세창은 전형필이 문화재에 대한 깊이 있는 혜안을 가질 수 있도록 지도했죠. 오세창의 안목은 아버지 역매 오경석으로부터 물려받았고, 오경석은 추사 김정희의 제자입니다. 전형필의 안목은 오세창, 오경석을 거쳐 김정희로부터 전해왔다고 해도 과언이 아니죠. 추사체로 유명한 김정희는 국보 180호 세한도를 그렸습니다.

세한도는 김정희가 59세(1844년) 때 그린 작품인데요. 자신의 제주도 귀양살이를 알뜰히 챙겨준 제자 이상적에게 고마움을 표하기 위해 그려준 것이죠. 〈세한도(歲寒圖)〉라는 제목은 논어의 "공자께서 말씀하시기를 '날이 차가워진(歲寒) 뒤에야 소나무와 측백나무가 늦게 시든다는 것을 알게 된다"는 구절에서 따온 것입니다. 가족이 함께 세한도를 감상하며 이야기를 나눠보세요.

국보 180호 김정희 필 세한도

한편, 소전 손재형이 세한도를 일본으로부터 찾아온 일화도 유명합니다. 세한도는 여러 사람을 거쳐 일본의 추사 김정희 연구가인 후지쓰카 지카시에게 넘어갔는데요. 손재형은 일본으로 가서 후지쓰카에게 세한도를 넘겨달라고 졸랐고, 처음에는 단호히 거절했던 후지쓰카가 소전의 열정에 감동하여 세한도를 넘겨주었다고 합니다. 나중에 손재형은 국회의원에 출마하며 세한도를 저당잡혔다가 돈을 갚지 못해 소유권을 잃었고요. 세한도는 이후 미술품 수장가 손세기가 소장하게 되었고, 지난 2020년 그의 아들 손창근이 국립중앙박물관에 기증했습니다.(후지쓰카 지카시가 소장했던 추사 친필과 관련 자료 등 2700여 점은 2006년에 아들 후지쓰카 아키나오가 경기도 과천시에 기증했습니다)

가족과 함께 이야기 나누고 싶은 질문들을 적어보세요

2장

강원권

평창 상원사와 월정사

오대산 상원사에는 대웅전이 없다. 바로 부처님의 진신사리를 모시고 있는 상원사 적멸보궁이 있기 때문이다. 자장율사가 당나라에서 진신사리를 가져와 모셨고, 643년(선덕여왕 12)에 적멸보궁을 지었다. 상원사 적멸보궁은 우리나라 5대 적멸보궁 중 하나로, 상원사에서도 산길로 40여 분을 올라가야 볼 수 있다. 5대 적멸보궁은 양산 통도사, 태백산 정암사, 영월 법흥사, 설악산 봉정암, 그리고 마지막으로 오대산 상원사의 적멸보궁을 가리킨다.

월정사는 평창군 오대산에 있는 대한불교조계종 제4교구의 본사다. 신라 선덕여왕대의 승려 자장이 문수보살이 머무는 성지로 지은 절로《조선왕조실록》등 귀중한 사서를 보관하던 오대산 사고가 있었다.

상원사는 어떤 이야기들이 전해 오나요?

상원사는 조선 세조와 얽힌 유명한 이야기가 있습니다. 조선 세조는 유교 국가의 왕이었음에도 불구하고 절과 인연이 참 많은 왕입니다. 종기로 고생하던 세조는 이곳 상원사로 행차하여 계곡물에 목욕을 하고 있었습니다. 그때 마침 한 동자승이 지나가길래 등을 씻어달라고 부탁하죠. 목욕을 마칠 때쯤 세조가 말합니다. "임금의 옥체를 씻었다고 말하지 마라." 그러자 동자승이 말합니다. "임금도 문수보살을 뵈었다고 말하지 마라." 세조는 깜짝 놀라고 동자승은 흔적도 없이 사라집니다.

세조의 종기는 어떻게 되었을까요? 문수보살님의 손길이 닿았는데, 종기쯤이야 깨끗이 낳았다고 하네요.

병이 나은 세조는 이듬해 상원사를 다시 찾습니다. 법당에 들어가 예불을 드리려 하는데, 웬 고양이가 나타나 바지를 잡아끌면서 법당에 못 들어가게 하죠. 이상하게 여긴 세조는 법당 안을 살펴보게 하는데, 법당

안 탁자 밑에 숨어 있던 자객을 찾아냅니다. 고양이 덕분에 목숨을 건진 세조는 고양이에게 전답을 내리고 고양이 석상까지 만들게 합니다. 문수동자상이 모셔져 있는 문수전 정면 계단 왼쪽에 고양이 석상이 지금도 남아 있습니다.(원래 사자상인데, 호사가들이 세조와의 인연을 끌어들여 고양이 상으로 이야기를 만들었다고도 합니다)

상원사 적멸보궁의 터를 보고 조선 영조 때 어사 박문수가 감탄한 말 또한 재미있습니다. "스님들이 좋은 기와집에서 일도 않고 남의 공양만 편히 받아먹고 사는 이유를 이제야 알겠다."

한국전쟁 때 방한암 스님과 얽힌 이야기도 있습니다. 1.4 후퇴 때 월정사와 상원사가 적군의 본거지가 될까 두려워한 국군은 월정사와 상원사를 불태우려 합니다.

당시 상원사에서 30년 동안 수행하던 방한암 스님은 절에 불을 지르려거든 내 몸도 함께 태우라며 완강히 버티죠. 스님의 태도에 감동한 군인들은 문짝을 태워 절에 불을 지른 것처럼 꾸미고 떠납니다. 방한암 스님 덕분에 상원사 문수동자상도, 상원사 동종도 후대에 전해질 수 있었습니다.

국보 221호 평창 상원사 목조문수동자좌상

국보 221호 평창 상원사 목조문수동자좌상

국보 221호 평창 상원사 목조문수동자좌상은 우리나라에서는 유일하게 예불의 대상으로 만들어진 동자상입니다. 복장유물을 통해 1466년(세조 12)에 조성되었다는 것이 확실하게 밝혀진 불상이죠. 고려 후기에서 조선 전기로 넘어가는 불상 양식을 연구하는 데 도움이 되며, 보물 1811호인 목조문수보살좌상과 함께 문수전에 봉안되어 있습니다.

국보 36호 상원사 동종

한국의 범종은 '한국종'이라는 학명으로 불릴 만큼 세계적으로 인정받는 문화재입니다. 1927년에 우리나라를 방문했던 독일 국립박물관 겐

국보 36호 상원사 동종

멜 박사는 성덕대왕신종을 보고는 "이것은 세계 제일이다. 독일에 이런 종이 있다면 이것 하나만으로 능히 박물관이 될 수 있다" 감탄했다고 하네요.

한국종의 전형이며, 우리나라에서 현존하는 종 중 가장 오래된 종이 바로 국보 36호 상원사 동종입니다. 725년(성덕왕 24)에 제작되어, 성덕대왕신종(에밀레종)보다 45년 앞서죠. 예종은 세조의 명복을 비는 뜻으로 안동읍성 문루에 걸

려 있던 동종을 상원사로 옮기려 했는데, 처음 옮기려 할 때 꿈쩍도 안하던 것이 종유 하나를 떼어내자 움직였다는 재밌는 이야기가 전해집니다. 실제로 4개의 유곽 안에 각각 9개의 종유가 있는데, 한 유곽 안에는 종유 하나가 비어 있으니 전설을 믿어도 될까요?

국보 292호 상원사 중창 권선문

국보 292호는 1464년(세조 10)에 상원사를 새롭게 단장하면서 지은 세조의 친필 어첩 두 권입니다. 한 권에는 상원사 중창의 이유를 밝히고 있고, 한글 번역문이 함께 실려 있습니다.

다른 한 권에는 세조와 의숙공주의 친필과 옥새인이 남아 있고, 효령대군, 정인지, 한명회 등의 친필도 있죠. 활자본이 아닌 친필 한글 기록으로는 가장 오래된 문서이며, 초기 한글 연구에 귀중한 자료가 되고 있습니다.

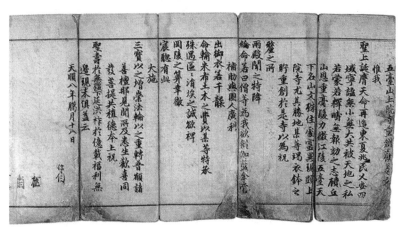

국보 292호 평창 상원사 중창 권선문 (본문)

국보 48-1호 평창 월정사 팔각 구층석탑
국보 48-2호 평창 월정사 석조보살좌상

　이휘진이 1752년에 쓴 〈월정사 중건 사적비〉의 기록에 의하면 팔각 구층석탑과 석조보살좌상 모두 자장스님이 월정사를 창건할 때 만들었다고 하지만, 탑의 양식을 보면 고려 초기 작품으로 추정하고 있습니다. 신라 시대에는 대체로 방형의 3층 또는 5층 석탑이 제작되었고, 고려 시대 들어서야 다각다층석탑이 보이기 때문입니다. 고구려가 지배했던 만주 쪽에 팔각당형이 많았으므로 그 형태는 고구려의 양식을 물려받았다고 볼 수 있습니다.

　석조보살좌상은 보물 139호였는데, 2017년 1월에 국보 48-2호로 지

국보 48-1호 평창 월정사 팔각 구층석탑　　국보 48-2호 평창 월정사 석조보살좌상

정되었습니다. 법화경에 나오는 '약왕(藥王)보살상'이라고 하는데, 더 연구가 필요합니다. 강원도에는 이 보살상 외에도 강릉 한송사지 석조보살상, 강릉 신복사지 석조보살상이 탑을 공양하는 형태로 남아 있는데, 다른 지역에서는 찾아보기 힘듭니다. 머리에 보관을 쓴 공양보살상이 탑을 공양하는 것은 라마교 양식인데, 어떻게 이 지역에 라마교 양식이 전해졌는지도 후속 연구가 필요합니다.

에밀레종 종소리의 비결은 뭘까요?

범종은 불교 사물(四物) 중 하나입니다. 불교 사물은 법고, 목어, 운판, 범종으로 이루어지는데, 부처님의 말씀을 널리 퍼뜨리는 상징적 역할을 합니다. 법고는 땅 위의 중생에게, 목어는 물속의 중생에게, 운판은 하늘의 중생에게, 마지막으로 범종은 땅속의 중생에게 부처님의 말씀을 알립니다.

우리나라 범종 중 가장 널리 알려진 것은 흔히 '에밀레종'이라고 불리는 국보 29호 성덕대왕신종입니다. 종을 만들 때 아이를 시주받아 넣었다는 일화가 워낙 유명해서죠. 포항산업과학연구원이 종을 분석한 결과 사람의 인 성분은 없었다고 합니다. 삼국유사에도 아이를 넣었다는 기록은 없는데, 어떻게 이런 이야기가 전해져 내려오는 걸까요?

통일신라 경덕왕 때는 찬란한 문화가 꽃피었습니다. 불국사, 석굴암을 비롯한 많은 문화재가 그때 만들어졌죠. 성덕대왕신종은 아버지 성덕왕의 덕을 기리기 위해 경덕왕 때 만들기 시작해서, 다음 왕위를 물려받은 혜공왕 때(771) 완성합니다. 처음에는 성덕왕을 위해 세운 봉덕사에 두었다가 조선 세조 때는 영묘사로, 중종 때는 경주읍성 남문 밖 종각으로 옮겼고, 1915년부터 국립경주박물관에서 관리하고 있습니다.

성덕대왕신종은 종을 걸기 위한 용뉴, 소리를 잡아주는 음관 등 한국종의 특성을 잘 보여주는 종입니다. 상대에는 보상화문(모란꽃과 연꽃을 결합시켜 보다 화려하게 만든 꽃무늬)을 둘렀고, 하대에는 보상화문 사이에 연화문(연꽃무늬)을 새겼습니다. 상대와 하대 사이에는 종을 치는 당좌와 비천상을 새기고 글도 함께 새겼습니다.

성덕대왕신종은 크기나 조각된 무늬 때문에도 높이 평가받지만, 은은한 여운이 느껴지는 소리의 아름다움이 백미입니다.

최근에는 음향학 연구자들이 그 아름다운 소리의 비결을 찾기 위해 노력하고 있고, 맥놀이가 그 소리의 비밀이라고 밝혔습니다. 맥놀이는 진동수가 거의 비슷한 2개의 음파가 간섭할 때 일어나는 현상인데요. 성덕대왕신종은 타종 직후의 첫 소리에는 다양한 빛깔의 낱소리들이 공존하다가, 얼마 지나면 고주파의 소리들은 모두 사

국보 29호 성덕대왕신종

라지고 저주파의 소리들만 남습니다. 시간이 더 흐르면 168.52헤르츠와 168.63헤르츠의 소리만 남으면서 아름다운 맥놀이 음이 발생하게 되죠.

신기하게도 범종이 완벽한 좌우대칭일 때는 맥놀이 현상이 일어나지 않는데, 유곽의 비대칭적인 문양, 비천상의 위치, 재료의 불균일한 밀도, 주조 과정에서 우연히 섞여 들어가는 공기의 양에 따라 범종은 미세하게 비대칭이 되고 맥놀이 음을 발생시킨다고 합니다. 또한 음관은 잡음을 제거하는 필터 역할을 해주고, 종 표면의 당좌, 유두, 유곽, 비천상도 맥놀이를 극대화해주는 위치에 자리 잡고 있죠. 종 밑의 구덩이도 공명이 오래 지속되도록 도와줍니다.

통일신라 시기의 상원사 동종과 성덕대왕신종 외에도 2점의 동종 국보가 더 있습니다. 모두 고려 시대에 만들어진 작품이죠. 먼저 국보 120호 용주사 동종은 신라의 양식을 충실히 따른 고려 초기 작품입니다. 종

국보 120호 용주사 동종

국보 280호 성거산 천흥사명 동종

윗면에 음통과 용뉴를 갖추고 있고, 음통이 종에 비해 큽니다. 당좌 사이에 비천상을 앞뒤로 배치했는데, 비천상 좌우에 결가부좌한 삼존상을 새긴 것이 특이합니다. 종몸에 각각 32자와 55자의 명문이 새겨져 있는데 후대에 새긴 것이라고 합니다.

국보 280호 성거산 천흥사명 동종은 높이 1.87m로, 성덕대왕신종과 상원사 동종에 이어 세 번째로 큰 범종이며, 고려 시대 범종으로는 남아 있는 것 중 가장 크고 오래된 것입니다. 위패 모양의 '성거산천흥사종명통화이십팔년경술이월일'이라는 명문이 있어 1010년에 성거산 천흥사를 위해 제작한 종이라는 것을 알 수 있습니다.

숭유억불의 조선에서 불교는 어떻게 살아남을 수 있었을까요?

조선의 설계자 정도전은 《불씨잡변》을 통해 불교의 윤회와 지옥의 비합리성에 대해 비판했습니다. 태종 이방원도 아버지 태조 이성계의 친구이자 멘토였던 무학대사가 죽은 1405년부터 불교를 탄압했죠. 애민의 군주 세종도 전국의 사찰을 36개까지 줄이고 불상을 녹여 무기를 만들었고요. 폭군 연산군은 더 나아가 사냥을 나갈 때면 승려를 일꾼으로 쓰기도 했습니다. 《중종실록》은 1583년에 "유생들이 닥치는 대로 중을 죽이고 절을 불태웠다"고 기록하고 있습니다.

숭유억불(崇儒抑佛), 유교가 국가이념이었던 조선에서 불교는 억압만 받았을까요? 명종 때 수렴청정을 했던 문정왕후는 승려 보우로 하여금 불교를 부흥시킬 수 있는 기회를 주었죠. 물론 문정왕후 사후에는 다시 불교 탄압이 거세졌지만요.

종기 치료를 위해 상원사를 찾았던 세조도 불교에 굉장히 우호적이었습니다. 우호적일 정도가 아니라 "나는 호불(好佛)의 군주"라고 자처하기도 했죠. 세조는 간경도감을 설치해 수많은 불경을 한글로 번역하여 간행했고, 각 지방의 쇠락한 절들을 보수하도록 했습니다. 급기야 수도 한양의 한복판에 원각사를 크게 짓기도 했죠.

임진왜란 때는 어떤가요? 승려들은 서산대사를 중심으로 위기에 빠진 나라를 구하기 위해 들고 일어났습니다. 《선조실록》에는 "아군의 병사들은 그 수도 적고 군세도 나약하나 오직 승병만은 숫자가 많고 군세는 시간이 지날수록 강력해지고 있다"고 기록되어 있을 정도죠. 또한 정조는 "불씨(佛氏, 부처)에 이르러서는 우리 유학(儒學)과 그 구분이 털끝만한 차이가 있기 때문에, 옳은 것 같으면서도 그르다고 할 수 있으며, 더욱 이치에 근사하지만 진리를 크게 어지럽히는 것이다"라며 불교의 폐해를 지적했습니다. 하지만 정조는 수원화성을 축조하면서 아버지 사도세자의 원찰인 용주사를 창건했고, 정조 말년에는 1,763개의 사찰이 전국팔도에 있었다는 기록이 나옵니다.

숭유억불(崇儒抑佛)의 조선에서 불교는 어떻게 살아남을 수 있었을까요? 가족과 함께 이야기를 나눠 보세요.

가족과 함께 이야기 나누고 싶은 질문들을 적어보세요

양양 진전사지 삼층석탑

강원도 양양군에는 국보가 1점 있다. 통일신라 도의선사가 세웠다고 전해지는 진전사 터의 삼층석탑이다. 도의선사의 승탑으로 알려진 보물 439호 양양 진전사지 도의선사탑과 국보 122호 양양 진전사지 삼층석탑이 과거 이곳이 절터였음을 보여주는데, 터 주변에서 '진전'이 새겨진 기와 조각이 발견되면서 절 이름을 알게 되었다.

국보 122호 양양 진전사지 삼층석탑

도의선사는 당나라에서 유학하고 돌아와 신라에 선종을 전한 인물입니다. 도의선사의 사상은 그의 제자 염거화상, 또 염거화상의 제자인 보조선사 체징으로 이어지는데요. 신라 불교가 교종에서 선종으로 교체되는 시기에 선종을 도입한 도의선사의 발자취가 남은 곳이 바로 진전사 터입니다.

선종이 들어오기 전 스님들은 승탑을 남기지 않았습니다. 우리가 잘 알고있는 원효대사, 의상대사, 자장율사 등 모두 승탑이 없죠. 하지만 '본연의 마음이 곧 부처'인 선종에서 큰스님들의 죽음은 곧 부처님의 죽음과 다르지 않았습니다. 그래서 사리를 모시는 승탑이 만들어진 것과 선종은 깊은 관련이 있습니다.

도의선사의 승탑은 이곳 진전사지에, 염서화상의 승답은 국립중앙박물관에, 보조선사의 승탑은 장흥 보림사에 있습니다. 진전사 터는《삼

국유사》의 저자 일연스님과
도 인연이 있습니다. 열네 살
에 출가를 결심한 일연 스님
이 승려가 된 곳이 진전사이
고, 승과에 합격할 때까지 약
7~8년을 이곳에서 공부했다
고 합니다.

진전사지 삼층석탑은 1층
기단에 각 면마다 2구씩 비천
상이 새겨져 있고, 2층 기단
에는 각각 2구씩 수호신 팔부
신중이 새겨져 있습니다. 또
1층 몸돌에는 부처님을 새겼

국보 122호 양양 진전사지 삼층석탑

는데, 동쪽 면에는 약사불을, 서쪽 면에는 아미타불을 새겼습니다.

그리고 남쪽 면에는 미륵불을, 마지막으로 북쪽 면에는 석가모니불
을 새겼죠. 이는 동서남북 사방의 부처님을 신앙 대상으로 삼는 사방불
신앙을 보여주는 것입니다. 탑의 상륜부는 거의 없어졌고 노반만 일부
남아 있습니다. 통일신라 석탑의 기본 형태인 2층 기단에 3층 탑을 올
린 양식을 잘 보여주고 있으며, 각 층에 새겨진 조각이 화려하고 높이는
5.05m입니다.

《삼국사기》와 《삼국유사》는 어떻게 다를까요?

우리나라 역사책을 말할 때 가장 많이 언급되는 것이 바로 《삼국사기》와 《삼국유사》인데요. 《삼국사기》는 현존하는 가장 오래된 우리나라 역사책입니다. 고려 인종 때인 1145년 왕의 명령에 따라 편찬되었는데, 《삼국사기》 이전에도 역사서는 존재했지만, 현재 남아 있지 않아 《삼국사기》가 최고(最古)의 역사책이 되었죠. 《삼국사기》의 대표 저자는 김부식인데요. 혼자 쓴 것은 아니고, 10명(최산보, 이온문, 허홍재, 서안정, 박동계, 이황중, 최우보, 김영온, 김충효, 정습명)의 저자가 더 있습니다.

《삼국유사》는 현존하는 우리의 역사책 중 가장 오래 전의 역사를 담고 있습니다. 《삼국사기》는 고구려, 백제, 신라 등 삼국의 역사부터 서술했는데, 《삼국유사》는 고조선을 첫 시작으로 삼고 있죠. 충렬왕 때인 1281년~1283년에 쓴 《삼국유사》가 《삼국사기》 보다 130여 년 늦게 나왔고요.

《삼국유사》의 '사'가 '史'가 아니라 '事'라는 걸 알고 계셨나요? 三國遺事(삼국유사), 삼국의 남겨진 이야기, 즉 이미 쓰여진《삼국사기》등의 역사책에 빠져 있는 이야기들을 엮었다는 의미입니다.《삼국사기》가 김부식을 비롯한 10여 명의 학자가 편찬한 관찬 사서라면,《삼국유사》는 일연 스님이 쓴 민찬 사서라고 할 수 있습니다.

《삼국사기》는 관찬 사서임에도 불구하고, 우리는 이를 '김부식의 삼국사기'라고 부릅니다. 이유는 대표 저자인 김부식이《삼국사기》곳곳에 31번이나 자신의 견해, 즉 논찬(論贊)을 달아 설명하기 때문입니다.

《삼국사기》를 펴낸 고려 인종 때는 대내외적으로 혼란스러운 일이 많았습니다. 나라 밖에서는 고려 북쪽의 여진족이 금나라를 세워 세력을 확장하고 있었고, 내부적으로는 이자겸의 난을 겪은 후에 묘청, 정지상 등을 중심으로 서경천도운동을 벌여 국론이 분열되어 있었죠. 문벌귀족을 대표하는 경주 출신의 김부식은 이런 정치적 환경 속에서 서경의 반란을 잠재우고《삼국사기》를 저술했습니다.

《삼국유사》또한 격동의 시절에 쓰였습니다. 60여 년간의 무신정권기를 보내고, 고려는 원나라에 굴복해 간섭을 받던 시기였죠. 당시 고려의 왕들 시호에 '충(忠)'이 들어있는 이유가 바로 원나라에 충성을 다하겠다는 의미거든요. 이런 엄혹한 시기에 일연은 우리의 역사에 관심을 가지고 기록으로 남겼습니다. 이는 나라가 어려울 때 우리의 뿌리를 찾으려는 자주 의식의 표현이며, 우리 민족이 유구한 역사를 자랑하는 민족임을 알리려 했던 것입니다.

책의 편제에도 차이가 있습니다.《삼국사기》는 총 50권으로 구성되어 있으며, 본기 28권(신라 12권, 고구려 10권, 백제 6권), 연표 3권, 잡지 9권과

열전 10권으로 각각 이루어져 있습니다.《삼국사기》는《조선왕조실록》처럼 연대순으로 기술하는 편년체로 서술하지 않고, 사마천이 쓴《사기》와 같은 기전체로 쓰여졌습니다.

《사기》는 황제에 대한 기록인 〈본기〉, 연표인 〈표〉, 음악, 천문 등을 기록한 〈서〉, 제후들의 기록 〈세가〉, 주요 인물에 대한 기록인 〈열전〉으로 나뉘는데,《삼국사기》도 이런 구성을 따랐습니다. 〈본기〉에는 삼국의 왕에 대한 기록을 남겼고, 〈연표〉에는 중국과 더불어 삼국의 연표를 간지와 중국 연호를 통해 표시했고요. 〈잡지〉에는 삼국의 제도와 문화, 지리지 등을 담았고, 마지막 〈열전〉에는 88명의 주요 인물에 대해 서술했습니다.

《삼국유사》의 형식은 중국 역사서의 틀을 사용한《삼국사기》와는 다릅니다. 좀 더 자유로운 구성을 보여주죠. 1권은 왕력(중국, 신라, 백제, 고구려, 가락국의 5칸으로 나누어진 연표)과 기이 1편으로 이루어지고, 2권은 기이 2편으로 구성되어 있습니다. 기이 1편은 단군조선(고조선)부터 신라의 삼국통일 이전까지를 다루고, 기이 2편에는 삼국을 통일한 문무왕부터 경

삼국사기

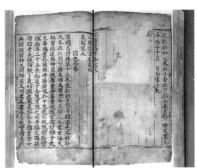

국보 306호 삼국유사

순왕까지, 그리고 백제와 후백제에 관한 이야기가 나옵니다. 3권 흥법편에서는 불교 전파 과정을 볼 수 있고, 탑상편에는 탑과 불상에 얽힌 이야기들이 나오죠. 4권 의해편은 원광, 원효, 의상 등 유명한 스님들 이야기로 구성되어 있고, 5권 신주편은 밀교 이야기, 감통편은 일반 신도들의 이야기, 피은편은 숨어 사는 스님들의 이야기, 마지막 효선편은 효행과 선행을 한 사람들을 다루고 있습니다.

마지막으로 《삼국사기》와 《삼국유사》의 저자들을 살펴보고, 각각의 한계점도 알아보죠.

먼저 《삼국사기》의 저자 김부식은 1075년 경주에서 출생했으며, 22살에 과거에 급제하고 20여 년 동안 한림원에서 근무하면서 학문적 기반을 닦았습니다. 송나라 사신 서긍은 그의 책 《선화봉사고려도경》에 "박학하여 글을 잘 짓고 경서에 능통하여 학사의 신복을 받고 있음이 그보다 위에 설 자가 없다"고 김부식을 설명했습니다.

하지만 김부식은 고려 중기 문벌귀족의 대표자로서, 고려의 발전을 저해하고 사대주의적 관점을 드러냈다고 비판받기도 합니다. 단재 신채호는 《조선상고사》에서 묘청의 서경천도운동을 '우리 역사 천년 이래 가장 큰 사건'이라고 중요하게 평가했는데, 서경천도운동을 진압한 이가 바로 김부식이었죠. 또한 《삼국사기》의 내용이 지나치게 유교 중심적이고, 고구려를 계승한 고려가 편찬한 역사서임에도 불구하고 신라 중심의 역사를 서술했다는 점에서 비판받고 있습니다.

이러한 비판에도 불구하고 《삼국사기》는 그 가치를 인정받습니다. "(중국의) 옛 열국(여러 나라)은 각각 사관을 두어 일을 기록하였다. 우리들 해동 삼국도 역사가 오래되었으니, 사실을 역사책에 기록해야 한다"며 주체적 모습 역시 보여주기 때문입니다.《동문선》에는 "지금의 학사대부들은 중국 경전과 역사는 잘 알고 있으나, 우리나라 사적에 대해서는 잘 모른다"고 한탄하는 김부식의 글이 실려 있기도 하죠. 중국의 동북공정 역사왜곡에 맞서야 하는 입장에서 김부식이 고구려의 역사를 우리의 역사로 편입해 기록을 남기고, 또 지금까지 전해지고 있는 것은 다행한 일이 아닐 수 없습니다.

《삼국유사》의 저자 일연 스님은 1206년 경북 경상군 압량면에서 태어났는데, 원효 대사의 고향도 같은 곳이라고 합니다. 광주의 무량사를 거쳐 양양 진전사에서 정식 스님이 되었고, 22살에 승려 과거 시험에서 수석 합격했습니다. 남해 정림사를 세워 주지스님으로 있다가 운문사로 옮겨《삼국유사》를 쓰기 시작했죠. 그는《삼국유사》외에도 많은 책을 썼는데요. 스님의 신분임에도 불구하고 무신 정권, 몽골 침략의 역사적 소용돌이 속에서 우리 역사에 대한 관심과 사랑을 책으로 남겼습니다. 충렬왕 때는 국사로도 책봉을 받았고요.

《삼국유사》는 현재 남아 있는 우리나라 책 중 가장 이른 시기에 단군 조선 이야기를 실었으며,《사기》의 사마천처럼 '찬'이라 하며 지은이의 개인적인 생각이나 느낌을 덧붙였습니다. 하지만 신라 이야기와 불교 관련 이야기에 치우친 점과 일연이《삼국유사》를 쓰며 참고한 책들이 전해지지 않고 있다는 점이 아쉽습니다.

《삼국사기》와《삼국유사》는 고려 시대에 쓰였고, 주로 삼국의 역사를 다룬다는 점 외에도 공통점이 있습니다. 바로 두 책 모두 우리나라 국보로 지정되었다는 점이죠.

먼저 국내외에 남아 있는《삼국사기》중 국가 문화재로 지정된 것은

3점입니다. 보물 722호는 권44~50까지 1책으로 구성되어 있고, 13세기 후기에 발행된 것으로 현존《삼국사기》중 가장 오래되었습니다. 성암고서박물관에 소장되어 있어 일명 '성암본'으로 불리고요.

국보 322-1호는 50권 9책 완질본으로 1573년(선조 6)에 찍었습니다. 보물 525호로 지정되었다가 2018년에 국보로 승격되었고요. 국보 322-2호와 동일한 판본인데, 인쇄 시기만 다릅니다. 보물 723호에서 승격한 국보 322-2호도 50권 9책 완질본이며, 1512년(중종 7)에 간행되었습니다. 명나라 무종, 정덕 연간에 간행되어 '정덕본(삼국사기 정덕본과 삼국유사 정덕본은 모두 '중종임신본' 혹은 '임신본'이라 부르기도 합니다)'이라 칭하죠. 오탈자가 보이고 너무 닳아서 복구가 불가능한 부분도 있지만, 남아 있는《삼국사기》중 가장 완전한 상태로 평가받습니다.

국가 문화재로 지정된《삼국유사》는 모두 6점입니다. 국보 306호는 보물 419-1호로 지정되었다가 국보로 승격되었으며,《삼국유사》3~5권까지를 1책으로 묶은 것입니다. 1512년(중종 7) 경주에서 간행된 국보 306-2호《삼국유사》'정덕본' 보다 앞서 14세기 말에 간행된 것으로 봅니다. 국보 306호는 현존하는《삼국유사》중 가장 빠른 간행본입니다.

국보 306-2호는《삼국유사》5권 2책으로 구성되어 있고, 완질본 중에는 가장 오래된 것입니다. 국보 306-3호는 보물 1866호에서 국보로 승격되었으며,《삼국유사》5권 중 1~2권만 남아 있지만, 조선 초기의 판본으로 국보 306-2호보다 빨라 완질본을 보완해 줄 수 있는 가치가 있습니다. 그 밖에도《삼국유사》는 보물 419-2호, 보물 419-3호, 보물 419-4호도 각각 지정되어 있습니다.

《삼국유사》속 고조선 이야기의 진실은 무엇일까요?

《삼국유사》속 수많은 이야기들 중에 가장 널리 알려진 것은 단군신화입니다. 아빠와 딸들의 대화를 통해 단군신화의 역사적 진실을 살펴볼까요?

아빠 : 어진, 가온아. 오늘은 고조선에 대해 이야기 나눠 볼까?

어진 : 고조선이요?

아빠 : 그래, 고조선. 고조선 하면 뭐가 떠오르니?

가온 : 단군 할아버지요. 또 곰, 호랑이, 마늘이요. 곰과 호랑이가 사람이 되려고 마늘을 먹다가 호랑이는 참지 못해 뛰쳐 나갔잖아요. 끝까지 참아서 사람이 된 곰, 그러니까 웅녀는 그 누구더라?

어진 : 환웅?

가온 : 아, 맞다. 환웅이랑 결혼해서 단군 할아버지를 낳고요. 우리나라 최초의 국가 고조선을 세운 분이 바로 단군 할아버지잖아요.

아빠 : 우리 가온이가 단군신화 이야기를 잘 알고 있구나. 그런데, 주인공 한 명이 빠졌네.

가온 : 환웅, 웅녀, 단군 할아버지. 다 얘기했는데….

어진 : 환인을 얘기 안 했잖아.

가온 : 참, 환인이 있었지? 환웅의 아버지 환인이요. 환웅이 하늘나라에서 내려올 때 아버지 환인의 허락을 받고 왔잖아요.

아빠 : 어진, 가온이는 단군신화에 대해 어떻게 생각하니?

가온 : 믿을 수 없죠. 어떻게 호랑이랑 곰이 마늘을 먹고, 또 곰이 사람으로

바뀔 수 있겠어요?

어진 : 고려 사람들이 우리 민족의 우수성을 나타내려고 꾸며낸 이야기라고 들었어요.

아빠 : 꾸며낸 이야기니까 믿을 수 없다? 과연 그럴까? 먼 옛날, 문자가 없었을 때를 생각해봐. 어쩔 수 없이 말을 통해 이야기를 전했을 거야. 그렇게 입에서 입으로 전해 내려오던 이야기가 기록으로 남겨지면서 우리도 알 수 있게 됐고. 이건 단군신화뿐만 아니라 그리스 신화와 성경도 마찬가지야. 현실에서 일어날 수 없는 이야기를 담고 있지만, 우리는 신화를 통해 역사적 진실을 찾을 수 있단다.

가온 : 어떤 역사적 진실이요?

아빠 : 먼저, 어진이랑 가온이는 고고학이 뭔지 아니?

어진 : 옛 사람들이 남긴 유적과 유물을 통해 그들의 생활 모습을 연구하는 학문이죠.

아빠 : 그래. 어진이가 잘 알고 있구나. 그럼, 고고학에서 인류의 발전 과정을 어떻게 구분하고 있을까?

가온 : 구석기, 신석기, 청동기, 철기 시대로 나누죠. 아빠, 맞죠?

아빠 : 와, 가온이도 대단한데.

가온 : 책에서 읽었어요. 구석기 시대에는 떠돌이 생활을 하며 사냥, 채집 등으로 살아갔고, 신석기 시대에는 농사를 짓기 시작하면서 한곳에 정착해 마을을 이루었죠.

어진 : 신석기 시대 후반에는 마을과 마을이 합쳐져 더 큰 마을을 만들고, 청동기 시대에 이르러 큰 마을들이 발전해 국가를 세웠고요.

아빠 : 하하. 아빠가 더 가르칠 게 없구나. 그럼, 현대 고고학자들의 연구

결과와 단군신화 이야기를 비교해볼까? 아까 단군신화의 주인공들을 얘기했지?

어진 : 환인, 환웅, 웅녀, 단군 말씀이죠?

아빠 : 그래. 환인에 대한 내용은 많지 않지만, 환웅이 하늘에서 내려왔다고 하는 걸 보면 환인 시대에는 어디선가 떠돌아다녔다고 생각할수 있어.

가온 : 어? 구석기 시대 사람들이 떠돌아다니며 생활했잖아요.

아빠 : 또, 환웅은 하늘에서 내려올 때 바람, 구름, 비를 다스리는 신을 데리고 와. 왜 데려왔을까?

어진 : 농사가 잘되려면 날씨가 좋아야 하잖아요. 환웅 시대에 농사를 짓기 시작했다고 짐작할 수 있겠어요. 음, 신석기 시대 생활 모습과 같군요.

가온 : 다음에 환웅과 웅녀가 결혼을 하잖아요. 환웅을 대표로 하는 마을과 웅녀를 대표로 하는 마을이 합쳐진다? 마을과 마을이 합쳐져 더큰 마을을 이루는 신석기 시대 후반이라고 봐도 되겠어요.

아빠 : 마지막으로 단군. 단군 시대에 이르러 여러 마을을 아우르는 국가를 세웠다고 볼 수 있어. 바로 청동기 시대에 접어든 거야. 어때?

어진 : 현대 고고학의 인류발전 과정과 단군신화 이야기 순서가 너무 똑같아요.

아빠 : 그래. 고고학이 뭔지도 몰랐을 때 만들어진 이야기인데, 너무나 잘맞아 떨어지지. 단군신화를 단순히 꾸며낸 이야기라고만 볼 수 없는 이유야.

가온 : 와, 정말 신기해요. 고조선 건국에 대해 재밌게 꾸며낸 이야기라고

만 생각했었는데, 그게 아니네요.

어진 : 아빠, 그런데 여기 《삼국유사》를 보니 '중국의 요(堯)가 즉위한 지 50년 만인 정사년에 고조선을 세웠다'고 하네요.

가온 : 단군왕검은 서기전 2333년에 나라를 세웠다고 들었어요. 그러니까, 정사년이 서기전 2333년?

아빠 : 서기전 2333년은 맞아. 하지만 정사년은 서기전 2308년이란다.

가온 : 서기전 2308년? 우리가 알고 있는 거랑 다른데요.

어진 : 그러게요. 이건 좀 이상해요.

아빠 : 그래, 그렇게 생각하는 것도 무리는 아니지. 고조선의 건국 연도를 《삼국유사》는 서기전 2308년으로, 이승휴의 《제왕운기》는 서기전 2357년으로 기록하고 있거든.

어진 : 그럼, 서기전 2333년은 어디에서 나온 거예요?

아빠 : 조선 성종 때의 책 《동국통감》은 고조선 건국 연도를 서기전 2333년으로 기록하고 있어. 우리나라 연표를 처음 만든 사람은 구한말 내각편집국장을 지낸 어윤적이야. 어윤적이 고조선 건국 연도를 계산하면서 참고한 책은 무엇이었을까?

가온 : 동!국!통!감! 맞죠?

아빠 : 빙고!

어진 : 하지만 고조선의 건국 연도를 이렇게 책마다 다르게 계산하고 있는데, 어떻게 믿을 수 있죠?

가온 : 맞아요. 순 엉터리!

아빠 : 하하. 우리 거꾸로 생각해보자. 고조선 건국은 아주 아주 오래전에 일어난 일이야. 모든 책이 까마득히 먼 옛날 세워진 고조선 건국 연

도를 서기전 2333년으로 기록하고 있다면 어떨까?

어진 : 그것도 믿기가 어렵겠네요.

아빠 : 맞아. 누군가 나중에 조작한 것은 아닐까 의심할 수도 있어. 중국 역
　　　사에서도 정확한 연도가 밝혀진 사건은 서기전 700년에 불과하거
　　　든. 고조선 건국 연도가 책마다 다른 것이 어쩌면 고조선의 존재를
　　　믿을 수 있는 이유가 될 수도 있지. 저자들은 그때까지 전해 내려오
　　　던 여러 가지 책들 중 자신이 가장 믿을 만한 것을 참고해서 썼을
　　　테니까 말이야.

이런 건 어때요?

국보 보호와 관람의 자유, 어떻게 해야 할까요?

 국보는 우리가 보호해야 할 대상이며 동시에 문화적으로 향유해야 할 대상입니다. 국보 보호와 관람의 자유, 어느 쪽에 더 무게를 두느냐에 따라 문화재 정책이 달라질 수 있죠. 국보 1호 숭례문을 개방하면서 시민들은 숭례문에 한 발짝 더 가까이 다가갈 수 있었던 반면에, 화재로 인해 숭례문을 완전히 잃을 뻔했습니다.(복원하기는 했지만, 이전으로 돌아갈 수는 없죠)

 국보 122호 양양 진전사지 삼층석탑은 편하게 관람할 수 있었습니다. 그 흔한 cctv도 하나 없이 마을 끝자락에 자리 잡고 있어서 석탑의 안전이 걱정될 정도였죠. 반면에 충주 197호 충주 청룡사지 보각국사탑은 반대의 경우였습니다. 보호 난간이 승탑으로부터 너무 멀리 떨어져 있어서 제대로 승탑을 즐길 수 없더군요. 관람의 편의성이 전혀 고려되지 않은 듯 보였습니다.

 국보 보호와 관람의 자유를 함께 충족시킬 수 있는 방법은 없는 걸까요? 가족과 함께 이야기를 나눠보세요.

국보 122호 양양 진전사지 삼층석탑

국보 197호 충주 청룡사지 보각국사탑

가족과 함께 이야기 나누고 싶은 질문들을 적어보세요

3장

충청권

충청권

09

충주 고구려비

충청북도 충주시에서 발견된 고구려의 석비로 5세기 무렵 고구려의 남진과 신라와의 관계를 알려주는 역사적 유물. 국보 제205호이다. 공식 명칭은 '충주고구려비(忠州高句麗碑)'이지만, 일반적으로 신라시대 충주의 옛 지명에서 비롯된 '중원고구려비'라는 이름으로 널리 알려져 있다. 국내에 유일하게 남아 있는 고구려의 석비(石碑)로 1979년 단국대학교박물관 측에서 조사하였다. 1981년 3월 18일 국보 제205호로 지정되었으며, 원본은 충주시 중앙탑면 용전리에 위치한 충주고구려비 전시관에 보존되어 있다.

국보 205호 충주 고구려비

신라는 삼국을 통일한 후에도 수도를 옮기지 않았습니다. 경주는 통일신라 영토의 동남쪽에 치우쳐 있어서 전국을 관리하는데 적절치 않았는데도 말이죠. 이를 보완하기 위해 신문왕은 영토를 9개의 주(한주, 삭주, 명주, 웅주, 상주, 전주, 무주, 강주, 양주)로 나누고, 5소경이라는 지방 중심 도

국보 205호 충주 고구려비 뒷면, 우측면, 앞면, 좌측면(왼쪽부터)

시를 지정했습니다. 소경은 '작은 서울'이라는 뜻인데, 남원경(남원), 금관경(김해), 북원경(원주), 중원경(충주), 서원경(청주) 등 5곳이었죠.

국보 205호의 정식 명칭은 충주 고구려비지만, '중원 고구려비'라는 이름이 더 알려져 있습니다. 통일신라 시대에는 충주 지역을 5소경 중 하나인 중원경으로 불렀기 때문이죠. 지금은 충주 고구려비 전시관에서 관람할 수 있지만, 이 비가 알려진 건 1979년의 일입니다. 충주 지역의 문화재 동호인 모임인 예성동호회가 학계에 알렸고, 단국대학교 박물관 측에서 조사했습니다.

충주 고구려비는 높이 203cm, 폭 55cm, 두께 33cm이며, 4면에 모두 예서체의 글이 새겨져 있습니다. 앞면에 23자 10줄, 좌측 23자 7줄, 우측 23자 6줄, 그리고 뒷면에는 23자 9줄이 있었던 것으로 추정되며, 합하면 400자 정도가 됩니다. 뒷면과 우측면은 마모된 부분이 많고, 앞면과 좌측면도 일부의 내용만 해독이 가능합니다.

'고려대왕(高麗大王)', '대사자(大使者)'라는 고구려 관직명, '고모루성(古牟婁城)'이라는 지명 등을 통해 고구려의 비임을 알 수 있고, 국내에 유일하게 남아 있는 고구려비입니다. 역사적으로는 고구려 장수왕이 5세기 무렵 남하 정책을 펼쳐 남한강 유역까지 차지했을 때 세운 것으로 보이고요. 명문 기록에 따르면 충주 고구려비는 장수왕 때인 449년이나 481년, 또는 장수왕의 손자인 문자명왕 때인 495년에 건립된 것으로 보고 있습니다.

고려 vs 고구려, 조선 vs 고조선?

"아빠, 고구려라는 나라 이름은 언제부터 사용했어?"

"응, 글쎄. 아빠가 예전에 고구려가 아니고 후대에 세워진 고려랑 구별하기 위해서 고구려라 불렀다고 얼핏 들은 거 같은데. 고조선과 조선의 국호관계는 알고 있는데, 고구려-고려는 확실치 않으니까 한번 찾아보자."

......

"여기 자료를 보니까 처음 나라를 세웠을 때는 '고구려'라는 국호를 사용했는데, 5세기 무렵 평양으로 수도를 옮기면서 '고려'로 국호를 바꿨다고 보는 견해가 있네. 금동 연가7년명 여래 입상에 '고려국'이라는 명문이 있고, 충주에 있는 국보 205호 충주 고구려비에도 '고려대왕'이라는 표현이 새겨져 있대. 수나라, 당나라의 역사서에도 '고려'라는 표현을 사용했다는 의견도 있고. 그러니까 왕건이 나라를 세우면서 '고려'라는 국호를 그대로 이어받은 거구나."

......

"그럼, 조선과 고조선은 어떨까? 단군왕검이 나라를 세울 때는 나라 이름을 조선이라고 했어. 그럼 제일 먼저 고조선이라는 용어를 사용한 사람은 누구일까? 바로 《삼국유사》를 쓴…"

"일연 스님?"

"그렇지. 조선이라는 국호에 '옛 고(古)'를 붙여 부를 때는 뭔가 다른 나라와 구별하려고 했을 거야. 그렇지? 일연스님은 고려 사람이니까…"

"아빠, 일연스님이 고려 사람이면 나중에 조선이 세워질 것은 몰랐을 텐데."

"맞아. 그게 포인트야. 이성계가 세운 조선과 구분하기 위해서 고조선이라고 쓴 게 아니지. 일연 스님의 《삼국유사》를 보면 고조선 다음에 위만조선이 나와. 그러니까 일연은 위만조선과 구별하기 위해 단군조선을 고조선이라고 부른 거야."

광개토대왕릉비의 기사를 어떻게 해석해야 할까요?

충주 고구려비 외에 고구려의 비로는 414년(장수왕 3)에 세워진 광개토대왕릉비가 전해집니다. 묘호인 '國岡上廣開土境平安好太王(국강상광개토경평안호태왕)'의 마지막 세 글자를 따서 호태왕비라고도 부르죠. 광개토대왕릉비는 높이가 6.39m로서 우리나라 최대 규모의 비석이며, 비의 4면에는 모두 1,775자의 글자가 새겨져 있습니다. 비의 서남쪽 300m 지점에는 왕릉으로 추정되는 태왕릉이 있고요. 광개토대왕릉비는 고인돌로 대표되는 우리나라의 거석문화와 중국에서 전해진 묘비 기록문화를 융합하여 고구려만의 비석으로 표현한 것입니다.

비문의 내용은 크게 세 부분으로 나눠 볼 수 있습니다. 먼저 1면 1행부터 1면 6행까지는 고구려의 건국 신화와 대왕의 족보 기록이고, 두 번째는 1면 7행부터 3면 8행까지 광개토대왕의 정복 활동과 영토 관리에 대한 내용이 연대순으로 새겨져 있습니다.

마지막으로 3면 8행부터 4면 9행까지는 능을 관리하는 수묘인(守墓人)의 숫자와 차출 방식 등이 기록되어 있죠.

광개토대왕릉비는 석회를 발라 탁본하는 과정에서 글자가 손상을 입었다고 하고, 이끼를 제거하려고 불을 피우다가 비면의 일부가 떨어져 나가기도 했다고 합니다. 이외에도 비문의 해석과 관련하여 여러 가지 논란이 있는데, 대표적인 것이 다음 '신묘년' 기사에 대한 해석입니다.

"百殘新羅舊是屬民由來朝貢 而倭以辛卯年來渡海 破百殘□□□羅以爲臣民" (백잔신라구시속민유래조공 이왜이신묘년래도해 파백잔□□□라이위신민)

앞의 "百殘新羅舊是屬民由來朝貢" 부분은 이견이 없습니다. "백제와 신라는 예로부터 (고구려의) 속민으로 조공을 바쳐왔다"라고 해석하죠. 하지만 뒤의 "倭以辛卯年來渡海 破百殘□□□羅以爲臣民" 부분은 바다를 건넌 주체와 백제 등을 공략한 주체를 누구로 보느냐에 따라 쟁점이 되어 왔습니다.

오랫동안 잊혀졌던 광개토대왕릉비는 1883년에 만주 지역을 정탐하던 일본 포병 중위 사케오 카케노부가 탁본을 입수하여 일본으로 가져가면서 다시 세상에 존재를 알렸습니다. 일본은 《일본서기》에 나오는

'임나일본부설'을 뒷받침하는 자료로 신묘년 기사를 이용하기 위해 다음과 같이 해석했죠.

"왜가 신묘년에 바다를 건너와서 백제와 신라 등을 깨고 신민으로 삼았다."

이에 비해 정인보는 1930년대 말에 저술한 〈광개토경평안호태왕릉비문 석략〉에서 '도해파(渡海破)'의 주체를 고구려로 보고 다음과 같이 해석했습니다.

"왜가 신묘년에 왔으므로, (고구려 또는 광개토왕이) 바다를 건너가 왜를 깨뜨리고 백제와 신라를 신민으로 삼았다."

최근에는 황보연이 '도해(渡海)'의 주체는 왜로 보고, '파(破)'의 주체는 고구려로 보아 다음과 같이 해석했죠.

"왜가 신묘년에 와서 바다를 건너 (신라를) 침략하니 고구려가 백제를 격파하고 신라가 (고구려의) 신민이 되었다."

'신묘년' 기사를 어떻게 해석해야 할까요? 가족과 함께 이야기를 나눠 보세요.

중국의 동북공정, 어떻게 생각하세요?

　광개토대왕릉비는 고대 일본과의 관계에만 논란이 있는 것이 아니라 중국의 동북공정과 관련해서도 논란의 중심에 서 있습니다. 동북공정은 동북변강역사여현상계열연구공정의 줄임말이며, '동북 변경지역의 역사와 현상에 관한 체계적인 연구과제'라고 풀이할 수 있죠. 동북공정에서 중국은 '현재의 중국 국경 안에서 전개된 모든 역사는 중국 지방정권의 역사'라며 고조선, 고구려, 발해의 역사를 중국의 역사로 만들려고 합니다.

　중국은 왜 이런 시도를 하는 걸까요? 우다웨이 전 중국 외교부 부부장의 말에서 그 속셈을 짐작할 수 있습니다. 우다웨이는 지난 2015년에 "한국이 간도의 소유권을 주장하지 않으면 중국도 고구려가 중국의 것이라고 주장하지 않겠다"고 말했죠. 결국 동북공정은 역사 분쟁이자 영토 분쟁이었던 것입니다.

　가족과 함께 중국의 동북공정에 대해 이야기를 나눠 보세요.

가족과 함께 이야기 나누고 싶은 질문들을 적어보세요

충청권
—
10

아산 현충사

현충사는 1706년(숙종 32)에 이순신 장군의 사당으로 건립되었지만, 1868년 대원군의 서원철폐령에 의해 철폐되고, 국권피탈 이후에는 일제의 탄압으로 20여 년 간 향불이 끊겼다. 그러다가 일제강점기 때 '충무공묘소 위토 경매 사건'이 발단이 되어 전 국민적 성금 모금 운동이 일어났고, 1932년에 남은 성금을 이용하여 현충사를 중건했다. 1966년에는 현충사의 경역을 확대, 성역화하였는데, 1967년에 준공하여 경내에 본전(本殿)·고택(古宅)·정문(旌門)·유물전시관·활터 등이 마련되었다. 1969년에는 현충사 관리사무소를 설치하고 관리와 제전에 관한 사항을 관장하도록 하였다.

국보 76호 이순신 난중일기 및 서간첩, 임진장초

국보 76호 이순신 《난중일기》 및 서간첩, 임진장초는 아산 현충사에 소장되어 있는데, 전시품은 진품이 아니라 복제본입니다. 1967년에 《난중일기》 중 일부를 도난당했다가 되찾았고, 이후 영인본을 따로 만들어 전시하고 있습니다. 이순신 장군이 남긴 《난중일기》 7책과 서간첩 1책, 임진장초 1책을 묶어 모두 9책이 국보 76호로 지정되어 있습니다. 2013년 6월에는 세계기록유산으로도 등재되었죠. 《난중일기》 7책은 각각 임진일기, 계사일기, 갑오일기, 병신일기, 정유일기, 정유무술일기, 무술일기인데요. '을미일기'가 빠져 있습니다.

국보로 지정된 이충무공의 《난중일기》는 이순신 장군이 직접 쓴 초서본이지만 이순신 장군 본인은 일기에 《난중일기》라는 제목을 붙이지 않았습니다. 정조는 임진왜란 발발 200년을 기념하여 1792년에 이순신 장군을 영의정으로 추증하고 이충무공전서를 편찬하도록 명했으며, 편찬

자인 윤행임과 유득공이《난중일기》라 이름 붙이게 됩니다.(1795년 발행)

이충무공전서에는 '을미일기'가 남아 있는데, 이순신 장군이 직접 쓴 초서본에는 빠져 있습니다. 아마 이충무공전서를 편찬할 때까지는 관련 기록이 남아 있었을 겁니다.(일제강점기였던 1935년 조선사편수회는 '난중일기 초'를 편찬하여, 이충무공의 난중일기가 한 번 더 정리됩니다)

서간첩은 이순신 장군의 편지 모음집이며, 임진장초는 1592년 4월 1 일 전라좌수사 시절부터 1594년 1월 10일 삼도수군통제사 시절까지 군무에 관한 사항을 보고한 장계들의 초안입니다. 1592년의 17건, 1593년 의 31건, 1594년의 12건이 묶여 있고, 당시의 전황과 군사지원체제 등에 관한 내용이 자세하게 표현되어 있어 사료적 가치가 큽니다.

현충사에 모셔져 있는 이순신 장군의 영정은 월전 장우성 화백의 1953년 작품으로 1973년에 국가 표준영정으로 지정되었으며, 건물 안 쪽 벽에는 이순신 장군의 일생 중에 특기할 만한 사건 10가지를 묘사한

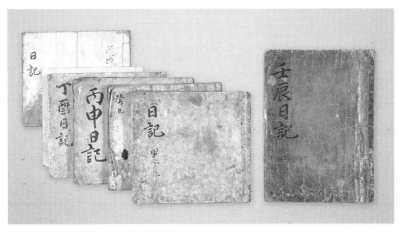

국보 76호 이순신 난중일기 및 서간첩, 임진장초

십경도(十景圖)라는 그림이 있습니다.(최근에 장우성 화백의 친일 행적 때문에 표준영정 지정을 해제하고, 2023년에 새로운 표준 영정을 지정할 계획입니다. 표준영정 제도가 독재의 잔재이기 때문에 제도 자체를 없애야 한다는 주장도 있고요)

국보 76호 이순신《난중일기》및 서간첩, 임진장초와는 관련 없는 이야기이지만, 성웅 이순신 장군의 높은 명성 때문에 일어난 국보 관련 사건도 있습니다. 1992년에 해군 충무공 해전유물발굴단은 통영 한산도 앞바다에서 귀함별황자총통을 인양했다고 발표했는데요. 이순신 장군의 거북선에서 사용되었던 대포를 발굴했다는 것이죠. 그야말로 놀라운 성과가 아닐 수 없었고, 온 국민과 언론의 관심을 받았습니다.

문화재위원회는 인양 후 3일 만에 귀함별황자총통을 국보 274호로 지정했습니다. 하지만 이야기는 여기서 끝이 아닙니다. 국보 지정 후 4년 만인 1996년에 해군 충무공 해전유물발굴단 단장이었던 대령이 골동품상 등과 짜고 대국민 사기극을 벌였다는 것이 밝혀졌죠. 당연히 국보 274호는 지정 해제되었고, 영구 결번으로 남게 되었습니다.

국립중앙박물관에 가면 2층 기증관에 '유창종실'이 있습니다. 유창종은 1978년부터 모아 온 한중일 3국의 와당 1,837점을 2002년에 국립중앙박물관에 기증했는데요. 귀함별황자총통 사기극을 밝힌 사람이 바로 유창종 검사였습니다.

유창종은 충주지청 검사 시절에 예성동호회를 만들고, 우리의 문화유적을 답사하기도 했는데요. 앞서 이야기했던 국보 205호 충주 고구려비를 발견하고 학계에 알렸던, 바로 그 예성동호회입니다. 2002년 기증 이후에도 꾸준히 와당을 모은 유창종은 2008년 서울 종로구에 유금와당박물관을 개관했습니다.

난중일기 속에서 인간 이순신의 모습을 찾아볼까요?

"불초 도고를 혹은 넬슨에 비유하고 혹은 이순신에 빗대 칭찬해주니 분에 넘치는 영광입니다. 하지만 넬슨이라면 몰라도 이순신에 비유되는 것은 당치도 않습니다. 불초 도고와 같은 사람은 이순신의 발밑에도 한참이나 미치지 못하는 자가 아닙니까?"

1905년 러시아의 발트 함대를 물리치며 러일전쟁을 승리로 이끈 일본의 도고 헤이하치로 제독이 남긴 말입니다. 조선을 야금야금 삼키던 와중에도 이순신 장군에 대한 평가가 대단하죠? 이순신은 23전 23승, 무패의 장군이며, 임진왜란의 위기를 홀로 지켜냈다고 해도 과언이 아니니까요.

《난중일기》에는 이순신 장군이 전쟁을 준비해가는 상황, 전쟁의 출동 상황, 부하 장수의 보고 내용, 공문을 발송한 일, 군율을 어긴 부하를 처벌한 일, 장계를 올린 일 등 전라좌수사로서 처리한 공적인 업무에 관한 내용이 많습니다. 일기를 쓰기 시작한 시점이 전쟁 발발 후가 아니라 1592년 1월 1일부터인 점을 봐도, 이순신 장군은 어느 정도 전쟁을 예상하고 이에 대비했다는 추정이 가능하죠. 전쟁 발발 이틀 전에 거북선에서 화포 사격 훈련을 마무리한 점도 돋보입니다.

"신에게는 아직 12척의 배가 남아 있습니다."
"나의 죽음을 적에게 알리지 마라."

우리가 기억하는 이순신 장군은 영웅을 넘어서 신의 경지에 이르러, 우리는 그를 성웅 이순신이라 부릅니다. 하지만 《난중일기》에는 위와 같은 공적 내용뿐만 아니라, 우리와 다를 바 없는 평범한 인간 이순신의 모습도 찾아볼 수 있는데요. 어머니의 안부를 궁금해하는 아들 이순신, 막내아들의 죽음에 울부짖는 아버지 이순신, 다른 장군에 대한 불만을 표현하고(특히 원균), 꿈속에서나마 희망을 이어가는 모습 등 지극히 평범한 한 사람의 모습이 나타납니다.

흔히들 '고전'은 너무나 유명해서 모두가 알지만, 아무도 읽지 않는 책이라고 합니다. 《난중일기》 역시 그런 고전 중의 하나이지만, 이순신 장군의 인간적인 모습, 내면 세계를 찾아가는 느낌으로 읽으면 흥미롭게 읽을 수 있습니다.

몇 가지 키워드를 중심으로 몇 구절을 가족과 함께 읽고 인간 이순신에 대해 이야기를 나눠 볼까요?

▶ 어머니

"맑다. 아침 식사를 한 뒤에 어머니께 하직 인사를 드리니, '잘 가거라. 부디 나라의 부끄러움을 꼭 씻어라.' 하는 말씀을 두 번, 세 번 거듭하셨다. 그리고 떠나는 것을 조금도 서운해하지 않으셨다."

(1594년 1월 12일)

"… 얼마 후 종 순화가 배에서 와서 어머님의 부고를 전했다. 달려 나가 가슴을 치고 뛰며 슬퍼하니 하늘의 해조차 캄캄해 보였다. 바로 해안으로 달려가니 배는 벌써 와 있었다. 길에서 바라보며 가슴이 찢어지는 슬픔을 이루 다 적을 수가 없다. 후에 대강 적었다."

(1597년 4월 13일)

▶ 아들

"… 저녁에 어떤 사람이 천안에서 와서 집안 편지를 전하는데, 봉함을 뜯기도 전에 뼈와 살이 먼저 떨리고 마음이 조급하고 어지러웠다. 대충 겉봉을 펴서 열이 쓴 글씨를 보니, 겉면에 '통곡' 두 글자가 씌어 있어서 면이 전사했음을 알게 되어 나도 모르게 간담이 떨어져 목 놓아 통곡하였다.
하늘이 어찌 이다지도 인자하지 못하신고. 간담이 타고 찢어지는 듯하다. 내가 죽고 네가 사는 것이 이치에 마땅하거늘, 네가 죽고 내가 살았으니, 이런 어긋난 이치가 어디 있겠는가. 천지가 캄캄하고 해조차도 빛이 변했구나. 슬프다, 내 아들아! 나를 버리고 어디로 갔느냐. 영특한 기질이 남달라서 하늘이 이 세상에 머물러 두지 않는 것이냐. 내가 지은 죄 때문에 화가 네 몸에 미친 것이냐.

이제 내가 세상에 살아 있은들 누구에게 의지할 것인가. 너를 따라 죽어 지하에서 함께 지내고 함께 울고 싶건만 네 형, 네 누이, 네 어미가 의지할 곳이 없어 아직은 참고 연명한다마는 내 마음은 죽고 형상만 남은 채 부르 짖어 통곡할 따름이다. 하룻밤 지내기가 한 해를 지내는 것 같구나. 이날 밤 이경에 비가 내렸다."

(1597년 10월 14일)

▶ 원균과의 갈등

"… 얼마 후 진도의 지휘선이 적에게 포위되어 거의 구할 수 없는 지경이 되자, 우후가 바로 들어가 구해냈다. 경상 좌위장과 우부장은 보고도 못본 체하고 끝내 구하지 않았으니, 그 어이없는 것을 말로 다 할 수 없다. 매우 통분하다. 이 때문에 수사(원균)를 꾸짖었는데 한탄스럽다. 오늘의 분함을 어찌 다 말할 수 있으랴. 모두가 경상도 수사(원균) 때문이다."

(1593년 2월 22일)

▶ 번뇌

"잠깐 비가 내렸다. 나라 제삿날(인종의 제사)이라 공무를 보지 않고 홀로 누대에 기대고 있었다. 내일은 돌아가신 부친의 생신이신데, 슬픔과 그리 움을 가슴에 품고 생각하니, 나도 모르게 눈물이 떨어졌다.

나라의 정세를 생각하니, 위태롭기가 아침 이슬과 같다. 안으로는 정책을 결정할 동량 같은 인재가 없고, 밖으로는 나라를 바로잡을 주춧돌 같은 인 불이 없으니, 종묘사직이 마침내 어떻게 될 것인지 알지 못하겠다.

마음이 어지러워서 하루 내내 뒤척거렸다."

(1595년 7월 1일)

▶ 꿈

"맑음. 새벽꿈에 왜적들이 항복을 청하면서 육혈총통 5자루와 환도를 바쳤다. 말을 전해 준 자는 그 이름이 '김서신'이라고 하는데, 왜놈들의 항복을 모두 받아들이기로 한 꿈이었다."

(1594년 10월 14일)

국보 304호 여수 진남관과 국보 305호 통영 세병관을 비교해볼까요?

　이순신 장군과 관련 있는 두 건물이 2001년과 2002년에 연이어 국보로 지정되었습니다. 바로 국보 304호 여수 진남관과 국보 305호 통영 세병관이죠. 여수 진남관과 통영 세병관을 비교하며, 가족과 함께 이순신 장군 이야기를 더해보면 어떨까요?

국보 304호 여수 진남관　　　　　　　　　국보 305호 통영 세병관

국보 304호 여수 진남관

　조선 시대 여수는 전라좌수영의 본진이 있던 곳입니다. 전라좌수사 이순신 장군이 수군을 조련하고 왜군을 공격할 작전을 짜던 곳이죠. 이순신 장군이 삼도수군통제사의 자리에 올랐을 때는 삼도수군통제영으로도 쓰입니다. 현재 진남관이 있는 그 자리에는 원래 진해루라는 누각이 있었습니다.

　이순신 장군은 바로 이 '진해루'에서 여하 장졸들을 지휘하며 전쟁에 대비했죠. 임진왜란 때 불탄 진해루를 대신하여 왜란 후 이시언 삼도수군통제사가 그 자리에 진남관을 세웠습니다. '진남관'은 '남쪽을 진압한다'는 의미로, 남쪽에 있는 왜군을 제압하여 평화를 이루고자 하는 마음이 담겨 있습니다. 진해루와 진남관은 같은 자리의 건물이지만 용도는 다릅니다. 진해루가 사령관들의 지휘 본부로 활용되었다면, 진남관은 객사의 역할을 했습니다. 객사는 한양의 조정 대신이나 사신이 찾아오면 접객을 하는 곳으로 사용되거나, 매월 초하루, 보름에 한양의 임금을 향해 절을 하는 망궐례가 행해지는 곳이었습니다. 정면 15칸, 측면 5칸의 웅장한 건물인 진남관은 남아 있는 목조 단층 건축물 중 최대 규모를 자랑합니다.

국보 305호 통영 세병관

임진왜란 전 조선의 수군은 충청, 전라, 경상의 수군절도사들이 지휘했습니다. 전라와 경상은 그 중요성 때문에 좌도, 우도로 나누었는데, 임진왜란 당시 전라좌수사는 이순신이었고 경상우수사는 원균이었죠. 전란을 거치면서 수군 지휘체계의 일원화를 위해 삼도수군통제영이 한산도에 만들어졌고, 이순신 장군이 초대 삼도수군통제사가 됩니다. 전쟁 후 이곳저곳을 옮기던 삼도수군통제영이 자리 잡은 곳이 바로 통영입니다. '통영'이라는 이름도 통제영에서 비롯된 것이죠.

국보 305호 통영 세병관은 1603년(선조 36)에 6대 통제사인 이경준이 이순신 장군의 전공을 기리기 위해 세운 것입니다. 세병관은 여수 진남관보다 규모가 좀 작긴 하지만, 진남관, 경복궁 경회루와 함께 평면 면적이 넓은 건물로 손꼽힙니다. 세병관은 건물 규모도 큰 편이지만, 건물 규모를 넘어서는 현판의 크기가 눈에 띕니다. '세병관'은 '하늘의 은하수를 가져다 피 묻은 병장기를 닦아낸다'는 뜻인데, 두보의 시 〈세병마〉에서 이름을 따 온 것입니다. 정면 9칸, 측면 5칸, 단층 팔작지붕의 세병관은 4면이 모두 개방된 형태이며, 망궐례 등 의전행사를 치르는 객사로 사용되었습니다.(세병관은 한때 학교 건물로도 쓰였는데, 통영을 대표하는 작가 박경리도 이곳에서 공부했다고 합니다)

국립공주박물관
국립부여박물관

공주의 국립공주박물관은 공주 부근의 고대 유물과 웅진(현재의 공주)에 도읍하고 있을 당시 백제의 유물들을 전시하는 박물관이다. 특히 송산리 고분군에서 발굴된 무령왕릉에서 쏟아져 나온 많은 백제의 유물들이 이곳에 전시되고 있어, 당시 백제의 문화를 잘 보고 느낄 수 있는 곳이다. 국립부여박물관은 백제 말기, 즉 사비백제 시대의 충청 동남권, 특히 부여 지역에서 출토된 유물을 주로 전시하고 있다. 국립부여박물관은 총 4개의 상설전시실과 야외전시장으로 이루어져 있으며 약 1,000여 점의 유물을 전시하고 있다. 야외전시실에는 보물 194호 부여석조 및 석재 조각, 유인원 기공비 등이 있다.

국보 154호 무령왕 금제관식
국보 155호 무령왕비 금제관식
국보 159호 무령왕 금제 뒤꽂이

　백제의 미적 감각을 한마디로 보여주는 문구가 《삼국사기》에 나옵니다. '검이불루 화이불치(儉而不陋 華而不侈)' 검소하되 누추하지 않고, 화려하되 사치스럽지 않다. 백제의 위례성에 새로 궁궐을 지으면서 백제의 미학을 표현한 글인데, 백제 문화의 슈퍼스타인 무령왕릉 출토 유물들을 보면서 이 말을 실감합니다.

　무령왕릉이 있는 송산리고분군에는 주인을 알 수 없는 고분들이 1호분부터 6호분까지 있습니다. 1호분부터 5호분은 모두 자연할석으로 돌방을 쌓은 굴식돌방무덤이고, 6호분은 무령왕릉처럼 벽돌을 쌓아 만들었죠. 무령왕릉은 1971년 7월에 장마에 대비하려고 6호분 배수로 작업을 하다가 우연히 발견되었습니다. 1호분부터 6호분까지 모두 도굴된 상태로 일제강점기에 발견되었기에, 무령왕릉 또한 존재가 알려졌다면 도굴을 피할 수 없었겠죠.

도굴을 피해 우리에게 백제 역사의 진가를 알려준 무령왕릉이지만, 발굴 과정은 순탄치 못했습니다. 무령왕릉 발견이 세간에 알려지고 기자들이 들이닥치면서, 오랜 시간을 갖고 천천히 진행해야 할 발굴 작업을 단 하룻밤 사이 순식간에 해치웠거든요. 1971년 당시 발굴을 책임졌던 국립중앙박물관 학예과장 김원룡도 그때의 발굴을 두고두고 후회했다고 합니다. 이렇다 할 발굴 경험이 없었던 당시 우리나라 박물관의 어쩔 수 없는 한계였을 겁니다.

국보 154호 무령왕 금제관식

국보 155호 무령왕비 금제관식

무령왕릉은 연화문 등 무늬를 새긴 벽돌을 쌓아 공간을 조성했는데, 중국 남조의 무덤 양식과 비슷합니다. 이를 통해 중국 양나라와 활발히 교류했다는 사실을 알 수 있죠. 또한 관에 사용한 금강송은 일본에서만 자라는 것이라니, 당시 백제가 중국, 일본 등과 교류하는 국제적 국가였다는 사실을 알려줍니다. 또한 고구려, 신라, 백제의 수많은 고분 중 주인을 알고 있는 무덤은 흔치 않습니다.

무령왕(재위 501~523)은 백제의 25

국보 159호 무령왕 금제 뒤꽂이

번째 왕으로, 고구려에 밀려 한성에서 웅진(공주)으로 쫓겨 온 후 백제를 부흥시킨 왕인데요. 무령왕의 출생에 대해서는 문헌에 따라 기록이 엇갈립니다. 《삼국사기》에는 무령왕이 24대 동성왕의 둘째 아들이라고 나오고요. 《일본서기》에는 21대 개로왕의 아들이라는 기록과 개로왕의 동생인 곤지의 아들이라는 기록이 함께 있죠. 출생이야 어찌 되었든지, 무령왕은 고구려에 의해 개로왕이 죽임을 당한 후, 국력이 약해진 백제를 다시 일으킨 뛰어난 왕이었습니다.

무령왕릉에서는 무려 108종 2,096점의 유물이 쏟아져 나왔고, 그중 12점이 국보로 지정되었습니다. 우아한 곡선의 불꽃 모양으로 된 금제 관식들은 각각 두 장씩이며, 모자의 양 옆을 장식했던 것으로 보입니다. 무령왕 금제관식의 기본 형태는 불꽃이 치솟는 모양이고, 가운데 부분에 꽃이 피어난 모양과 인동당초문을 표현했습니다. 왕의 관식은 각각 높이 30.7cm, 29.2cm와 너비 14cm, 13.6cm입니다.

무령왕비 금제관식은 전체적으로 불꽃 모양이지만, 왕의 관식에 비해 좀더 부드러워 보입니다. 꽃봉오리처럼 보이기도 하고요. 높이는 22.6cm, 너비는 13.4cm로 왕의 관식보다 작습니다. 금제 뒤꽂이는 왕의 것으로 추정하며, 얇은 금판에 무늬를 눌러서 표현하고, 마치 한 마리 새가 날아가듯 합니다. 길이는 18.4cm, 윗부분 너비는 6.8cm이고요.

국보 156호 무령왕 금귀걸이
국보 157호 무령왕비 금귀걸이
국보 158호 무령왕비 금목걸이

무령왕의 금귀걸이는 길이가 8.3cm의 한 쌍이며, 굵은 고리 아래로

국보 156호 무령왕 금귀걸이

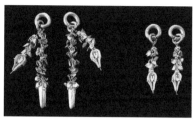

국보 157호 무령왕비 금귀걸이

하트 모양 장식과 여러 개의 작
은 고리로 만든 구슬 장식을 늘
어뜨렸습니다. 왕비의 금귀걸
이는 두 쌍인데, 길이가 각각
11.8cm와 8.8cm입니다. 굵은 고
리 아래로 작은 장식을 늘어뜨
린 모습이며, 왕의 귀걸이보다
훨씬 화려합니다.

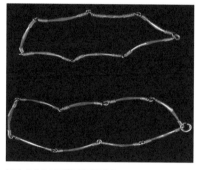

국보 158호 무령왕비 금목걸이

무령왕비 금목걸이는 두 개인데, 일곱 마디로 구성된 14cm 목걸이와
아홉 마디로 이루어진 16cm 목걸이입니다. 육각의 금막대를 서로 고리
를 만들어 연결하여 만들었죠. 다른 장식이 없어 세련된 모습입니다.

국보 160호 무령왕비 은팔찌
국보 161호 무령왕릉 청동거울 일괄

한 쌍의 왕비 은팔찌는 바깥 지름이 8cm입니다. 바깥쪽에는 발이 셋
달린 용을 두 마리 새겼고, 안쪽에는 톱니 모양을 새겨 넣었습니다. 안쪽
에 새겨진 글을 보면 왕비가 죽기 6년 전에 만든 것으로 보이고, 만든 사

국보 160호 무령왕비 은팔찌

국보 제161호 무령왕릉 청동거울 일괄

람과 무게도 함께 쓰여 있습니다.

무령왕릉에서 출토된 청동거울은 모두 세 점입니다. 청동신수경은 지름 17.8cm이며, 상투머리 신선상과 달리는 동물들이 새겨져 있습니다. 의자손수대경은 지름이 23.2cm이고, 사신과 상서로운 동물들이 새겨져 있으며, 거울걸이 아래쪽에는 '의자손'이라는 글씨가 새겨져 있습니다. 마지막으로 수대경은 지름 18.1cm이며, 세 마리의 상서로운 동물과 원 둘레에는 덩굴무늬를 새겼습니다.

국보 162호 무령왕릉 석수

무령왕릉 석수는 높이 30.8cm, 길이 49cm, 너비 22cm입니다. 악귀를 막고 죽은 자를 보호하기 위해 무덤을 지키는 동물이라 '진묘수'라 부르죠. 코는 뭉툭하고 툭 튀어나온 눈에 입을 벌리고 있는 모습입니다.

국보 162호 무령왕릉 석수

머리에는 나뭇가지 모양의 철제 뿔이 달려있고, 몸통 좌우에는 날개 같은 것이 소각되어 있습니다.

국보 164호 무령왕비 배개, 국보 165호 무령왕 발받침

왕비의 나무 배개는 사다리꼴 나무의 가운데 부분을 U자형으로 파내 기본 형태를 만들고, 붉은색을 칠한 후 금박을 붙여 거북등무늬를 표현했습니다. 그리고 거북등의 칸칸에는 봉황, 어룡, 연꽃 등을 그렸고요. 왕의 발 받침대는 사다리꼴 나무의 가운데를 W자 모양으로 파낸 후, 검은색으로 칠하고 금박과 금꽃을 이용하여 장식했습니다.

국보 164호 무령왕비 배개 　　　　국보 165호 무령왕 발받침

국보 163호 무령왕릉 지석

무령왕릉에서 발굴된 유물들은 어느 것 하나 빠짐없이 모두 백제의 문화를 보여주는 소중한 문화재입니다. 그래도 그중 하나를 선택하라면 국보 163호 무령왕릉 지석을 꼽고 싶네요. 삼국시대에 조성된 왕릉 중 무령왕릉에서만 유일하게 지석이 발견되었는데, 무덤의 주인공에 대한 정보를 알려주었을 뿐만 아니라, 함께 출토된 다른 유물들의 가치도 올려주었기 때문입니다.

지석은 무덤 속에 함께 묻는 일종의 비석으로 무덤의 주인공에 대한 정보를 제공해줍니다. 무령왕릉 지석은 모두 2매로 각각 앞뒤 면에 글이 새겨져 있죠. 왕의 지석에는 앞면에 사마왕(무령왕)에 대한 정보가 새겨져 있고, 뒷면에는 세 방향에 간지가 적혀 있습니다. 왕비의 지석에는 앞면에 왕비가 죽은 날과 묻힌 날 등의 정보가 있고, 뒷면에는 토지신에게 땅을 산다는 매지권에 관한 내용이 새겨져 있고요. 구체적으로 어떤 내용이 적혀 있는지 하나하나 살펴보겠습니다.

寧東大將軍百濟斯麻王 年六十二歲 癸卯年五月丙戌朔七日壬辰崩
영동대장군백제사마왕 년육십이세 계묘년오월병술삭칠일임진붕
到乙巳年八月癸酉朔十二日甲申 安厝登冠大墓 立志如左
도을사년팔월계유삭십이일갑신 안조등관대묘 립지여좌

"영동대장군 백제사마왕은 나이가 62세이다. 계묘년(523) 5월 7일 돌아가셨다. 을사년(525) 8월 12일에 등관대묘에 안장하였다. 기록하기를 위와 같이 한다."

왕의 지석 앞면의 내용입니다. 사마는 무령왕의 이름이며, 사후에 아들 성왕이 '무령'이라는 시호를 추존한 것으로 봅니다. 그런데 백제 사마왕이라는 왕명보다 양나라 무제가 무령왕에게 준 '영동대장군'이라는 호칭을 앞세우고

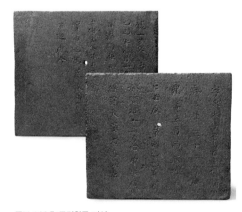

국보 163호 무령왕릉 지석

있습니다. 무령왕릉이 양나라의 벽돌무덤과 같은 양식이라는 점과 함께 이 호칭은 백제가 양나라의 영향을 받았음을 보여주죠. 하지만 무령왕의 죽음을 '붕(崩)'으로 표현한 것을 보면, 백제가 양나라의 제후국으로 상하관계를 맺은 것은 아니라는 점을 알 수 있습니다. 제후국의 왕은 '훙(薨)'으로 표현하고, '붕(崩)'은 황제의 죽음을 표현하기 때문이죠. 또한 양나라의 연호가 아니라 간지로 연도를 표시한 것도 백제가 양나라와 대등한 관계를 맺었다는 추정을 가능하게 합니다.

丙午年十一月百濟國王太妃壽終 居喪在酉地
병오년십일월백제국왕태비수종 거상재유지
己酉年二月癸未朔十二日甲午改葬大墓 立志如左
기유년이월계미삭십이일갑오개장대묘 립지여좌

"병오년(526) 11월 백제국왕의 태비가 돌아가셨다. 상(喪)을 유지(酉地)에 안치하였다. 기유년(529) 2월 12일 능에 다시 묻었다. 기록을 위와 같이 한다."

왕의 지석 뒷면은 세 방향에 간지가 적혀 있습니다. 그 이유에 대한 다양한 해석이 가능하지만 여기서는 생략하고, 위 내용은 왕비 지석의 앞면 내용입니다.

왕비는 무령왕보다 3년 늦게 세상을 떠났고 먼저 조성한 무령왕릉에 함께 합장했다는 내용이 나오죠. 무령왕은 523년 5월에 죽고 525년 8월에 안장했습니다. 무령왕비는 526년 11월에 죽고 529년 2월에 시신을 묻었죠. 왕과 왕비가 모두 3년 상을 치렀음을 알 수 있습니다.

중국의 상례(喪禮)는 시기에 따라 다르지만, 대체적으로 25개월, 27개월, 36개월의 3년 상을 치렀습니다. 양나라 때는 27개월의 3년 상을 치렀는데, 백제도 영향을 받은 것으로 보입니다. 하지만 양나라와는 다르게 28개월의 3년 상을 치름으로써 백제 고유의 상례를 발전시킨 것으로 추정됩니다.

錢一万文 右一件 乙巳年八月十二日 寧東大將軍百濟斯麻王 以前件錢
전일만문 우일건 을사년팔월십이일 영동대장군백제사마왕 이전건전
詢土王土伯土父母上下衆官二千石 買申地爲墓 故立券爲明 不從律令
순토왕토백토부모상하중관이천석 매신지위묘 고립권위명 부종율령

"전 1만문 우 1건은 을사년(525) 8월 12년 영동대장군백제사마왕이 이전
건의 돈으로 토왕 토백 토부모 상하중관 2천석에 여쭈어 서남서 방향의
땅을 사서 묘를 삼았다. 고로 (매지)권을 세워 명백히 하노라. 율령을 따르
지 않는다."

마지막으로 왕비 지석 뒷면의 내용입니다. 편의상 왕비 지석 뒷면이
라고 했지만, 왕이 죽었을 때 토지신에게 땅을 사서 왕릉을 조성한다는
내용이므로 왕비 지석 앞면 보다 먼저 새겨진 내용이죠. 왕비가 죽었을
때는 이미 사둔 무덤에 합장했으니까, 토지신에게 땅을 더 살 필요가 없
었던 거고요. 또한 '율령을 따르시 않는다'는 깃은 땅의 매매가 사후(死
後)에 신과의 계약이기 때문에 나라의 법을 따를 필요가 없다는 뜻으로

해석이 가능합니다. 어차피 백제의 영토는 모두 왕의 땅인데, 굳이 돈을 주고 살 필요가 있었을까요? 이는 단지 장례 형식상의 절차였던 것으로 보이고, 사후세계에 대한 백제인의 인식을 알 수 있게 해줍니다.

국보 287호 백제 금동대향로

국립공주박물관의 간판스타가 무령왕릉이라면, 국립부여박물관의 슈퍼스타는 백제 금동대향로입니다. 국립부여박물관 부속 어린이박물관의 주제도 금동대향로죠.

국보 287호 백제 금동대향로는 백제 시대를 대표하는 문화재이기도 하고요. 국보 이름도 발견된 장소인 '부여 금동대향로'가 아니라 '백제 금동대향로'이니까요.

국보 287호 백제 금동대향로

백제 금동대향로는 1993년 12월에 부여 능산리 고분군과 사비성의 나성 터 사이에 위치한 백제유적 발굴 현장에서 출토되었습니다. 전체 높이는 62.5cm, 최대 직경은 19cm이며 무게는 11.8kg으로 '대'향로라는 이름이 아깝지 않습니다.

금동대향로는 크게 받침, 몸체, 뚜껑, 이렇게 세 부분으로 나눌 수 있습니다. 먼저 받침 부분은 용이 막 피어나는 연꽃 봉오리를 물고 있는 것 같은 형상입니다. 용의 입안을 날카로운 이빨까지도 세밀하게 표현했고, 용 아래쪽으로 물결무늬를 넣어 용이 승천하는 모습을 나타냈습니다. 대접 모양의 몸체에 있는 3단의 연판은 그 끝을 살짝 올려서 표현했고, 24마리의 동물과 2인의 인물상이 새겨져 있습니다.

향로의 뚜껑에는 한 마리의 봉황 아래로 5명의 악사가 5가지 악기(금, 완함, 동고, 종적, 소)를 연주하고 있고, 그 사이에는 5마리의 새가 봉황을 올려보고 있습니다. 24개의 산봉우리로 나타낸 박산은 불로장생의 신선들이 사는 삼신산(봉래산, 방장산, 영주산)을 표현한 것이고요. 호랑이, 멧돼지, 사슴 등의 동물 외에 상상의 동물들과 참선하는 사람, 낚시하는 사람 등 16인의 인물상이 새겨져 있습니다.

X-선 조사 결과에 의하면 뚜껑의 보주와 봉황을 연결하는 원형관을 통해 봉황 가슴 부위에 있는 배연관 2곳으로 향의 연기가 빠져나가게 설계되었습니다.

이 원형관은 봉황을 단단하게 고정시켜 주는 역할도 하죠. 봉황의 배연구 2곳 외에도 산악 문양 뒤쪽에 10곳의 배연구가 더 있고요. 받침 부분의 용이 바닥에 닿는 세 지점도 정삼각형을 이루어 향로가 과학적으로 설계되었음을 보여줍니다.

백제 금동대향로는 백제 왕릉인 능산리고분군과 가까운 절터에서 발굴된 것으로 보아 불교 의식을 위한 법구라기보다는 백제 왕실의 제사를 지낼 때 사용한 것으로 추정합니다.

뚜껑의 봉황은 양을 대표하고, 받침의 용은 음을 나타내어 음양 사상에 바탕을 두고 제작되었음도 알 수 있고요. 연꽃 봉오리를 통해서는 불교의 연화화생(연꽃에 의하여 만물이 신비롭게 탄생하는 생명관)을, 신선 세계를 표현한 모습을 통해서는 도교의 영향도 확인할 수 있습니다.

국보 293호 부여 규암리 금동관음보살입상

국보 293호는 높이 21.1cm의 금동 관음보살입상입니다. 머리에 쓰고 있는 삼면보관과 화불이 조각되어 있어 관음보살임을 알 수 있죠. 신체에 비해 얼굴이 약간 크고 몸은 가늘고 긴 편이지만, 전체적으로 균형적 비례감을 느낄 수 있습니다. 우리 보살상의 특징인 부드러운 미소도 느낄 수 있고요. 백제 말기의 발전된 조각 수법으로 자연스러운 미소, 몸 형태의 비례 등을 표현했으며, X자 형식의 길게 늘어진 구슬 장식은 7세기에 유행한 삼국시대 보살상의 한 특징입니다.

국보 293호
부여 규암리 금동관음보살입상

국보 293호 부여 규암리 금동관음보살입상은 짝꿍이 있습니다. 1907년 부여군 규암리에서 출토될 때 무쇠솥 안에는 국보 293호 외에 금동관음보살입상이 하나 더 있었습니다. 사라진 지 100년 만에 다시 등장해 세상을 떠들썩하게 만들었던 그 금동관음보살입상이죠. 일제강점기에 이치다 지로의 손에 들어갔다가, 1970년 이번에 관음보살상을 공개한 한 기업인에게 넘어갔다고 하네요. 하루속히 우리 품으로 돌아오기를 기대합니다.

백제의 고분은 어떻게 변해 왔을까요?

《삼국사기》에 따르면, 서기전 18년에 고구려 주몽의 셋째 아들 온조
는 자신을 따르는 사람들과 함께 남쪽으로 내려와 하남 위례성에 자리
를 잡고, 주변의 작은 나라들을 병합하여 백제를 세웁니다.

사진에서 보는 것처럼 서울 석촌동에 남아 있는 한성백제의 고분과
고구려의 고분을 비교해보면, 백제가 고구려의 한 줄기였다는 점을 알

백제의 서울 석촌동 2호분

고구려의 장군총

수 있죠. 한강 유역에는 고구려의 돌무지무덤과 같은 형태뿐만 아니라, 움무덤, 독무덤, 굴식돌방무덤 등 다양한 형태의 무덤이 남아 있습니다.

근초고왕(재위 346~374) 때 전성기를 맞은 백제는 고구려와의 전쟁에서 고구려의 왕 고국원왕을 전사시키고, 대동강 유역까지 진출합니다. 하지만 5세기 무렵 고구려의 광개토대왕, 장수왕이 영토를 넓히는 과정에서 백제는 개로왕이 죽임을 당하고, 수도를 지금의 공주인 웅진으로 옮기면서 웅진백제 시대를 맞이하죠. 공주 송산리 고분군에 있는 7기의 무덤 중 5기는 한성백제 시절의 돌방무덤 형식이고, 송산리 6호분과 무령왕릉은 중국의 영향을 받은 벽돌무덤입니다.

송산리 6호분은 일제강점기에 공주고보 교사였던 카루베 지온에 의해 도굴되었습니다. 백제의 고분은 신라의 돌무지덧널무덤과 달리 도굴이 쉬운 굴식돌방무덤이나 벽돌무덤 형태가 많아서 무령왕릉을 제외하고는 대부분 도굴되어 백제의 문화를 보여줄 수 있는 유물이 남아 있지 않았습니다.

백제의 공주 무령왕릉 외부와 내부

백제의 부여 능산리 고분군과 1호분 내부

　　웅진(공주)에서 힘을 키운 백제는 성왕(재위 523~554) 때 터가 넓은 사
비(부여)로 도읍을 다시 옮깁니다. 성왕은 신라의 진흥왕과 손잡고 고구
려를 북쪽으로 몰아내 한강 유역을 되찾기도 하는데, 곧바로 진흥왕에
게 배신을 당하고 신라와의 전투에서 목숨을 잃습니다.

　　성왕의 뒤를 이은 위덕왕은 나라의 안정을 되찾아 백제가 자랑하는
백제 금동대향로를 만드는 등 문화의 꽃을 피웁니다. 이후 무왕과 의자
왕을 거치면서 백제는 한때 신라의 대야성(합천)까지 함락시키지만, 신
라와 당나라의 연합군에 무너지면서 660년에 멸망하죠. 사비백제 시대
의 무덤은 부여 능산리에 있는 7기의 고분이 대표적입니다. 능산리 고분
군의 무덤들은 돌방무덤 형태이며, 능산리 1호분에는 고구려의 영향을
받은 사신도와 연꽃무늬가 그려져 있습니다.

고구려 고분벽화를 감상해볼까요?

고구려의 고분들은 중국과 북한 땅에 있어서 백제와 신라의 무덤들에 비해 관람이 어렵습니다. 하지만 고구려 고분의 꽃인 벽화들을 보며, 고구려의 역사와 문화에 대해 가족과 함께 이야기를 나눠 보세요.

씨름도

무용도

칠지도의 명문을 어떻게 해석해야 할까요?

국립부여박물관을 대표하는 문화재는 백제 금동대향로이지만, 기념품 판매점에 가면 또 다른 유물이 눈길을 끕니다. 바로 칠지도인데요. 칠지도는 일본 나라현 덴리시 이소노가미 신궁에 보관되어 있습니다. 칠지도는 오랫동안 베일에 싸여 있었는데, 신궁의 궁사 칸 마사토모가 1874년에 금기를 깨고 보관 상자를 열어 봄으로써 세상에 공개되었죠.

칠지도 모사품

칠지도에는 다음과 같이 앞면에 34자, 뒷면에 27자, 합해서 61자의 명문이 있습니다. 이 명문에 대한 해석을 놓고 여러 논란이 있는데요. 칠지도의 제작 시기 '태화 4년을 어느 시기로 볼 것인가?'가 대표적입니다. 그리고 가장 관심이 가는 논란은 '백제왕이 칠지도를 왜왕에게 내려준 것인가, 아니면 바친 것인가?'입니다.

泰和四年十(一)月十六日丙午正陽造百鍊(鐵)七支刀(出)辟百兵宜供供侯王ㅁㅁㅁ ㅁ作

태화사년십(일)월십육일병오정양조백련(철)칠지도(출)피백병의공공후왕ㅁㅁㅁㅁ작

"태화 4년 11월 16일 병오일 정오에 무쇠를 백 번이나 두들겨서 칠지도를 만들었다. 이 칼은 백병을 물리칠 수 있으니 후왕에게 주는 것이 마땅하다. ㅁㅁㅁㅁ이 만들다"

先世以來未有此刀百濟王世(子)奇生聖音故爲倭王旨造傳示後世

선세이래미유차도백제왕세(자)기생성음고위왜왕지조전시후세

"예로부터 이런 칼은 없었다. 백제왕은 세세로 훌륭한 성덕을 베풀었다.
이에 왜왕 지를 위하여 만들어 후세에 전하여 보이게 했다."

《일본서기》에는 진구황후 52년(252) 기사에 "백제의 사신 구저 등이 칠지도와 칠자경을 비롯한 각종 귀한 보물을 바쳤다"는 기록이 있습니다. 일본 학자들은 이 기록을 바탕으로 백제가 일본왕에게 칠지도를 바쳤다고 주장합니다. 반대로 국내 학자들은 《일본서기》의 기록은 일본에 유리하게 미화된 부분이 많고, 윗사람이 아랫사람에게 칼을 하사하는 것이 일반적이기 때문에 백제왕이 왜왕에게 내려준 것이라고 주장하죠. 가족과 함께 칠지도에 대한 이야기를 나눠 보세요.

가족과 함께 이야기 나누고 싶은 질문들을 적어보세요

영화 하브루타 〈위대한 쇼맨〉

영화 좋아하시죠? 질문과 대답, 즉 대화가 이어질 수 있다면 어떤 소재도 하브루타 주제가 될 수 있습니다. 극장에서 애니메이션 영화만 보다가 가족이 함께 처음으로 본 실사 영화가 '위대한 쇼맨'이었습니다. 집으로 돌아와 대화 나누고 싶은 질문을 각자 적고 나서 이야기를 나누었죠.

1. 영화 속의 바넘과 실제 바넘이 어떻게 다른지 알아볼까?
2. 실제 바넘의 서커스장에 불이 났을까?
3. 영화 속 바넘은 왜 가족이 보고 있는데 불에 들어갔을까?
4. 영화 속 바넘은 왜 필립에게 자리를 줬을까?
5. 화재 현장에서 필립이 앤을 구하러 들어가지 않았어도 앤은 필립의 진심을 알았을까? 받아줬을까?
6. 자신의 꿈을 이루기 위해 다른 사람의 재능을 이용해도 될까?
7. 아무리 좋아하는 사람이어도 영화가 아니어도, 구하려고 불 속으로 뛰어 들어갈 수 있을까?

실제 인물을 영화화했기 때문에 주인공 바넘을 현실과 달리 지나치게 미화했다는 비판이 많았습니다. 소외된 사람들에게 재능을 펼칠 기회를 준 게 아니라, 그들을 이용해 돈벌이를 했다는 거죠. 가족들 앞에서 자신의 목숨을 걸고 필립과 앤의 생명을 구하러 불 속으로 들어간 바넘에 대해서도 이야기를 나눴고요.

대화가 계속되면서 드라마 도깨비에서 아이들을 구하기 위해 자신의 차로 사고를 막으려다가 죽게 되는 여주인공 지은탁 이야기, 자율주행차의 기술적 문제보다 프로그래밍할 때의 윤리적 문제가 자율주행차의 상용화에 더 큰 걸림돌이 된다는 이야기까지. 한 편의 영화를 통해 많은 이야기를 나누게 되었습니다.

4장

전라권

전라권
—
12

전주 경기전

1410년(태종 11)에 임금은 전주, 경주, 평양에 태조 이성계의 어진을 봉안하고 제사하는 전각을 짓고 어용전(御容殿)이라 하였다. 경기전은 왕조의 발상지라 여기는 전주에 세운 전각으로, 세종 때 붙인 이름이다. 건물은 정유재란 때 소실되었던 것을 1614년(광해군6)에 중건하였다. 보호면적은 49,590㎡이다. 건물은 본전, 본전 가운데에서 달아낸 헌(軒), 본전 양 옆 익랑(翼廊) 등으로 이루어져 있고, 이를 두르고 있는 내삼문(內三門)·외삼문(外三門) 등으로 공간을 분할하고 있다.

국보 317호 조선 태조 어진

어진(御眞)은 왕의 초상화를 일컫습니다. 조선 시대에는 어진 외에도 진용(眞容), 진(眞), 진영(眞影), 성용(聖容), 영자(影子), 영정(影幀), 어용(御容), 어영(御影) 등의 용어를 사용해 왔죠. 그러다가 1713년(숙종 39)에 숙종 어진을 그리면서 '어진'이라는 명칭이 가장 적합하다고 결정을 내립니다.

왕의 초상화인 어진을 봉안하고 제사 지내던 건물을 진전(眞殿)이라고 합니다. 전주 경기전이 대표적인 진전이죠. 경기전 외에도 조선을 건국한 태조의 어진을 모신 곳은 서울의 문소전, 영흥의 준원전, 평양의 영숭전, 개성의 목청전, 경주의 집경전 등이 있었습니다.

일제의 마수가 뻗치던 1908년, 관리상의 명분으로 어진들은 창덕궁의 선원전으로 옮겨집니다. 나라를 빼앗긴 후 1921년에는 창덕궁에 신선원전을 지어 임금들의 어진을 봉안하죠. 1935년 기록에 따르면 열두 임금의 어진 46점이 신선원전에 모셔져 있었던 것으로 보입니다. 그리고 1936년 세조와 원종 어진의 이모(원본 어진을 똑같이 베껴 그림)가 있었기 때문에, 2점을 더해 모두 48점의 어진을 봉안했습니다. (1960년 구황실재산 관리총국의 관련 기록이 불탔기 때문에 추정 수량임)

하지만 지금은 이 어진들을 볼 수 없습니다. 한국전쟁 발발 후 1950년 11월경 창덕궁의 다른 왕실 유물들과 함께 어진들은 부산으로 옮겨진 것으로 보입니다. 전쟁의 참화를 피해 부산국악원 내 창고로 이송되었죠. 휴전 후 1954년 12월 어진이 보관되어 있던 용두산 일대의 큰 화재로 인해 궁중유물 3,400여 점과 함께 어진 대부분이 불타 없어졌습니다.

이러한 참사 속에서 구해낸 6점의 어진이 있습니다. 태조 어진(1900년 이모), 영조 어진(1900년 이모), 철종 어진(1861년), 순조 어진(1900년 이모), 익종 어진(1900년 이모), 원종 어진(1936년 이모)이며, 그나마 용안이 보존된 것은 영조 어진(보물 932호)과 철종 어진(보물 1492호) 2점뿐입니다. 용안이 훼손되었음에도 불구하고 어진의 주인공을 알 수 있는 것은 불타

실명	왕명	수량	실명	왕명	수량
제1실	태조	3	제7실	순조	4
제2실	세조	2	제8실	익종	3
제3실	원종	2	제9실	헌종	2
제4실	숙종	2	제10실	철종	4
제5실	영조	6	제11실	고종	9
제6실	정조	4	제12실	순종	7

1936년의 신선원전 어진 봉안 현황 (총48점)

국보 317호 조선 태조 어진

지 않은 오른쪽 상단에 표제가 붙어 있기 때문이고요.(연잉군 초상(보물 1491호) 1점을 더해 모두 7점을 구함)

다행히 부산으로 옮겨지지 않은 어진이 있었습니다. 1872년(고종 9)에 이모된 국보 317호 조선 태조 어진이죠. 어진의 오른쪽 상단에 '태조대왕어용 소자사복지구년 임신이모(太祖大王御容 小子嗣服之九年 壬申移摹)'와 '태조고황제어진(太祖高皇帝御眞)'이라고 쓰여 있어, 제작 시기와 그림의 주인공을 알 수 있습니다.

《태종실록》에 따르면 경기전에 태조 어진이 봉안된 것은 1410년(태종 10)의 일입니다. 임진왜란 때는 정읍, 아산 등지로 피난시켰고, 1597년(선조 30)에 묘향산 보현사에 모셨습니다. 1614년(광해군 6)에 경기전을 중건하여 다시 전주로 모셨다가, 병자호란 때 무주 적상산성으로 옮겼으며, 1767년(영조 43)의 정해대화재 때는 명륜당에 모시기도 했죠. 그러다가 1872년에 너무 낡은 어진을 이모하여 만든 작품을 우리가 볼 수 있는 것입니다.

국보 317호 조선 태조 어진은 가로 150cm, 세로 218cm입니다. 태조 어진 이모의 전 과정이 《어진이모도감의궤》에 수록되어 있어, 어진의 제작과정과 작가 및 동원된 인원에 대한 기록이 남아 있죠. 1872년 박기준, 조중묵, 백은배가 조선 초기의 초상화법을 충실히 따르면서 제작 당시의 화풍도 반영하여 태조 어진을 그렸습니다.

《경기전의》의 기록에 따르면 "중국 명나라의 비단에 그려진 어진은 길이 15여 척, 넓이 5여 척이다. 손을 모으고 정면을 향하였으며 수염은 하얗다. 익선관을 썼으며, 어청(御靑)색의 소매가 좁은 용포를 입고 옥대를 매고 흑화를 신고 용상에 앉아 있다."고 하는데, 지금의 어진과 일치합니다. 청색의 곤룡포는 1444년(세종 26)에 명의 제도를 따라 대홍색 곤룡포를 사용하기 전의 모습을 보여주고요.

국보 151호《조선왕조실록》

《조선왕조실록》은 국보 151호이며, 1997년에는 훈민정음과 함께 우리나라에서 처음으로 유네스코 세계기록유산으로 등재되었습니다. 《조선왕조실록》은 조선 태조부터 25대 철종에 이르기까지 472년간의 역사를 연월일 순서에 따라 편년체로 기록한 역사서입니다.(고종실록과 순종실록은 일제강점기에 편찬되어 조선왕조실록에 포함되지 않는데, 이들도 함께 조선왕조실록에 포함시켜야 한다는 의견도 있습니다)

조선 시대에는 왕이 승하하면 다음 왕 때에 실록청을 설치하여 실록을 편찬했습니다. 실록을 편찬할 때는 춘추관 시정기와 승정원일기, 의정부등록 등 주요 기관의 기록과 개인 문집 등을 자료로 활용했는데요. 그중 가장 중요한 자료는 사관들이 직접 작성한 사초(史草)였죠. 사관은 겸임사관도 있었지만 주로 8명의 전임사관이 사초를 작성했습니다. 태종 4년 2월 8일에는 다음과 같은 기록이 있습니다.

〔태종이〕 친히 활과 화살을 가지고 말을 달려 노루를 쏘다가 말이 거꾸러짐으로 인하여 말에서 떨어졌으나 상하지는 않았다. 좌우를 돌아보며 말하기를, "사관(史官)이 알게 하지 말라." 하였다.

태종이 "사관이 알게 하지 말라"고 했다는 말까지 실록에 남길 정도로 사관들은 왕도 함부로 어쩌지 못하는 존재였습니다. 세종도 재위 기간 중 태종실록을 보고 싶어 했으나, 신하들의 반대로 뜻을 이루지 못했죠. 물론 연산군 때는 사관 김일손이 스승인 김종직이 쓴 '조의제문(弔義帝文)'을 사초에 올린 것이 화근이 되어 무오사화가 일어나는 등 간혹 원칙이 무너지기도 했습니다.

《조선왕조실록》은 '세종실록', '정조실록'처럼 각 왕의 묘호로서 실록의 이름을 지었습니다. 연산군이나 광해군처럼 왕의 자리에서 쫓겨난 왕의 실록은 연산군일기, 광해군일기처럼 '일기'를 붙였고요. 세조에 의해 왕위를 빼앗긴 단종도 숙종 때 단종으로 추증될 때까지는 노산군일기였죠. 그래서 단종실록은 표지는 '단종실록'이지만, 실록 속에는 '단종'이 아니라 '노산군'이라고 나옵니다.

《조선왕조실록》을 보면 '선조수정실록', '현종개수실록', '경종개수실록'처럼 실록의 수정본을 편찬한 것들도 있습니다. 집권당이 바뀌면서 이전의 실록에 자기 당파에 불리한 내용이 담겨 있으면, 이를 고치기 위해 다시 작성한 것이죠.

《조선왕조실록》이 당파적 이해관계 때문에 편파적으로 쓰였다고 볼 수 있지만, 이전에 반대 당파가 편찬한 실록을 폐기하지 않고 남겨둔 점은 높이 평가해야 합니다. 그만큼 조선은 수준 높은 기록 문화를 가지고

있었고, 후대의 역사적 평가를 중시했
던 사회였으니까요.

조선왕조 초기에는 실록을 2부 편
찬하여 춘추관과 충주 사고에 보관했
습니다. 그러다가 세종 때 충주 사고의
화재 위험성 때문에 전주와 성주에 사
고를 추가로 만들었고, 이때부터 모두
4부의 실록을 각기 다른 장소에 보관
했죠.

그러다가 1592년 임진왜란 때 태조
부터 명종까지의 실록이 모두 소실될

국보 151-1호 조선왕조실록 정족산사고본

위기에 처했습니다. 춘추관과 충주, 성
주 사고의 실록이 모두 불타고 말았거든요. 다만 유생 안의와 손홍록이
전주 사고의 실록을 내장산으로 옮겨 전주사고본만 화를 피할 수 있었
습니다. 전주 사고는 전주 경기전과 같은 권역에 있습니다.

전쟁으로 인해 조선왕조실록을 모조리 잃어버릴 뻔했던 조선은 이제
사고를 접근이 어려운 산에 짓습니다. 전주 사고본을 이용해 5부의 조선
왕조실록을 확보하고, 각각 춘추관과 강화도 마니산, 경상도 봉화 태백
산, 평안도 영변 묘향산, 강원도 평창 오대산의 사고에 보관합니다.

인조 2년(1624) 이괄의 난 때는 춘추관 실록이 불탔고, 후금(청)과의
사이가 악화되면서 묘향산사고의 실록을 전라도 무주 적상산 사고로 옮
겼습니다. 이후 병자호란 때 파손된 마니산 사고본을 보수하여 새로 지
은 강화도 정족산사고에 보관하고요. 이후에는 정족산, 태백산, 적상산,

오대산의 4사고에 1부씩 《조선왕조실록》을 보관하게 됩니다.

일제강점기에도 《조선왕조실록》은 수난을 겪습니다. 일제는 정족산본과 태백산본을 총독부에서 직접 관리하다가 경성제국대학에 넘겼고, 적상산본은 창경궁 내 이왕직 장서각에 보관했습니다. 오대산본은 일본 동경제국대학으로 가져갔습니다. 1923년 일본 관동대지진 때 오대산본은 대부분 불타 없어지고, 남은 27책만이 경성제국대학으로 이관되었습니다.

광복 후 정족산본과 태백산본은 자연스럽게 서울대에서 관리하게 되었습니다. 적상산본은 한국전쟁 때 북한이 가져가 현재 김일성종합대학에서 보관 중인 것으로 알려져 있고요. 1986년부터는 서울대의 태백산본을 국가기록원 부산기록관으로 옮겨 보관하고 있습니다. 그리고 2006년 관동대지진의 화를 피한 오대산본 47책이 추가로 반환되어, 앞서 이관되었던 27책과 함께 국립고궁박물관에 보관 중입니다.

1973년에는 국보 151호로 정족산사고본 1,181책(151-1호), 태백산사고본 848책(151-2호), 오대산사고본 27책(151-3호), 기타 산엽본 21책(151-4호), 도합 2,077책을 국보로 지정했습니다. 2006년에는 돌려받은 오대산사고본 47책도 국보 151-3호로 추가 지정되었고요. 최근에는 2019년에 한국학중앙연구원 장서각이 소장 중인 《조선왕조실록》 봉모당본 6책이 국보 151-5호로 추가 지정되었습니다.

태조의 건원릉에는 왜 억새를 입혔을까요?

"유교 문화의 맥락에서, 조선왕릉은 자연 및 우주와의 통일이라는 독특하고 의미 있는 장례 전통에 입각해 있다. … 조선왕릉은 건축의 조화로운 총체를 보여주는 탁월한 사례로, 한국과 동아시아 무덤 발전의 중요한 단계를 보여 준다. … 조선왕릉은 규범화된 의식을 통한 제례의 살아 있는 전통과 직접 관련된다."

2009년에 조선왕릉 42기 중 40기가 위와 같은 이유로 유네스코 세계문화유산에 등재되었습니다. 태조의 첫 번째 부인 신의왕후의 제릉과 정종과 정안왕후의 후릉은 북한 개성에 있기 때문에 함께 등재되지 않았죠.(연산군묘와 광해군묘는 왕릉이 아니기 때문에 역시 제외되었습니다. 두 묘를 더하면 조선왕릉은 44기가 있다고 봐야 합니다)

거의 모든 조선왕릉은 서울이나 서울 외곽에 자리 잡고 있습니다.

《경국대전》에 왕릉의 위치로 한양도성 4km(10리) 밖에서부터 40km(100리) 안에 조성하도록 규정되어 있거든요. 지금은 서울이 워낙 큰 대도시다 보니까 서울 안에 남아 있는 왕릉들도 있지만, 한양도성 기준으로는 4km 밖에 있는 곳이죠. 물론 여주의 영릉(英陵, 세종과 소헌왕후)과 영릉(寧陵, 효종과 인선왕후)처럼 40km 밖에 위치한 왕릉도 있습니다. 풍수지리적으로 좋은 땅에 왕릉을 모시기 위해 규정을 어긴 것이죠.

그리고 영월의 장릉은 단종의 무덤입니다. 삼촌 수양대군에게 왕위를 빼앗기고 비극적으로 영월에서 생을 마감한 단종의 무덤을 그곳에 조성했습니다. 당시에는 왕릉도 아니었으니, 규정을 지킬 필요도 없었을 겁니다. 숙종 때 노산군에게 단종이라는 묘호를 추존하면서 영월 장릉은 왕릉이 되었습니다.

건원릉애는 특이하게도 능침에 떼가 아니라 억새가 입혀져 있다

왼쪽의 건원릉은 태조의 무덤인데, 경기도 구리시 동구릉 한 편에 자리 잡고 있죠. 아래는 서울 성북구에 있는 태조의 두 번째 부인 신덕왕후의 정릉입니다. 왕릉 하면 떠오르는 이미지죠. 이렇게 태조와 그의 왕비는 따로 잠들어 있습니다. 건원릉은 특이하게도 능침에 떼(잔디)가 아니라 억새가 입혀져 있는데요. 건원릉은 조선의 왕릉 중 유일하게 두 글자로 이름을 지었을 뿐만 아니라 유일하게 억새가 입혀져 있습니다. 그 이유가 뭘까요?

이성계에게는 두 명의 부인이 있었습니다. 첫 부인은 향처라 하여 고향에서 결혼한 신의왕후이며, 두 번째 부인은 경처 신덕왕후입니다. 고려말에는 고향과 개경에 각각 향처와 경처를 두는 것이 일반적이었다고 하는데요. 신의왕후는 이성계가 조선을 세우기 전에 세상을 떠났기 때

성북구 정릉에는 태조의 두 번째 부인 신덕왕후가 홀로 잠들어 있다

문에(개성 제릉), 건국 후에는 왕비가 한 명이었다고 봐야 하죠.

신의왕후는 태조 이성계가 나라를 세울 때 든든한 버팀목이 되는 아들들을 여섯이나 두었습니다. 그중 다섯째가 태종 이방원이고 둘째가 정종이 되는 이방과죠. 하지만 태조는 신덕왕후의 둘째 아들이자 막내 아들 방석을 세자로 정합니다. 아무래도 세상을 떠난 신의왕후보다는 곁에 있는 신덕왕후의 영향력이 컸겠죠.

1397년에는 신덕왕후마저 태조보다 먼저 세상을 떠납니다. 끔찍하게 부인을 아꼈던 태조는 경복궁 코앞인 지금의 서울 중구 정동에 부인의 무덤을 조성했습니다. 나중에 자신이 들어갈 자리도 함께 마련했고요. 그러나 태조는 그 무덤에 들어갈 수 없었습니다. 신덕왕후가 세상을 떠난 후 채 1년이 지나지 않았을 때, 막내동생의 세자 책봉에 불만을 품은 이방원이 1차 왕자의 난을 일으키며 정권을 잡았거든요.

이후 정종이 잠시 왕이 되었다가 이방원이 왕위를 물려받았습니다. 정종이 상왕이 되고 태조는 태상왕이 되었죠. 태조는 이름 높은 태상왕이었지만, 권력은 오로지 아들 태종 이방원의 것이었습니다. 신덕왕후와 함께 묻히지 못할 것을 예감한 태조는 태종에게 고향 땅 함흥에 자신을 장사지내라고 말합니다. 태종 입장에서는 건국 시조이신 아버지를 저 멀리 변방에 모실 수도 없고, 그렇다고 아버지의 유언을 어기기도 힘들었습니다. 그래서 나온 묘안이 바로 함흥 지역의 흙과 억새를 이용하여 왕릉을 조성하는 것이었죠.

여담으로 중구 정동에 있던 신덕왕후의 무덤은 1408년 태조가 승하하자마자 큰 수모를 겪게 됩니다. 태종이 신덕왕후를 후궁으로 강등하여 왕릉의 지위를 잃었을 뿐만 아니라, 1409년에는 지금의 성북구 정릉동으로 이장했죠. 이때 묘의 석물들을 홍수로 유실된 청계천 광통교 복구에 활용하기도 했습니다. 이후 현종 때인 1669년 신덕왕후가 왕비로 복위되면서 무덤도 왕후의 능으로 복원되었습니다.

국보 240호 윤두서 자화상을 감상해볼까요?

초상화는 인물에 대한 존경의 의미를 담고 있습니다. 국보로 지정된 초상화는 모두 5점인데, 국보 317호 조선태조어진과 국보 110호 이제현 초상, 국보 111호 안향 초상, 국보 239호 송시열 초상 등입니다.

국보 240호 윤두서 자화상

국보 초상화 중에서도 가장 압도적인 느낌을 주는 작품은 아마도 국보 240호 윤두서 자화상일 것입니다. 공재 윤두서는 고산 윤선도의 증손이며 다산 정약용의 외증조부인데요. 남인 계열인 해남 윤씨의 종손이었죠. 당쟁으로 인해 남인의 정치적 진출이 어려워지자, 윤두서는 고향에서 학문을 닦으며 시서화를 즐겼습니다. 국보 240호 윤두서 자화상을 보며 가족과 함께 이야기를 나눠보세요.

예) 1. 윤두서는 자화상을 왜 무섭게 그렸을까?

2. 윤두서는 다른 그림도 많이 그렸을까?

3. '공재'는 무슨 뜻일까?

4. 수염 부분의 붓터치는 어떤 재료와 용구를 사용했을까? 등

가족과 함께 이야기 나누고 싶은 질문들을 적어보세요

익산 미륵사지

백제 제30대 무왕 당시 창건한 사찰로 미륵하생신앙과 밀접히 연관되어 있는 것으로 알려져 있다. 미륵사는《삼국유사》를 토대로 백제 무왕 때 창건되었다는 것을 알 수 있으며,《삼국사기》신라 성덕왕 18년(719)에 "금마군 미륵사에 벼락이 떨어졌다"를 통해 통일신라 때까지 미륵사가 경영되었음을 알 수 있다. 그리고 고려초 승려 혜거국사 비문에 의하면, 후백제 견훤 때에 미륵사탑이 복원되었음을 알 수 있다. 실제로 미륵사지에서는 고려시대의 유물과 유구가 많이 출토되어 이 시기까지도 절이 번창하였음을 알 수 있다.

국보 11호 익산 미륵사지 석탑

미륵사의 창건 이야기는 《삼국유사》에 실려 있습니다. '서동요'로 유명한 서동, 즉 백제의 무왕 때 왕후인 선화공주의 발원으로 미륵사를 지었다고 전하고 있습니다.

어느 날 무왕이 사자사에 가면서 용화산(미륵산) 밑 큰 못가에 이르니 미륵삼존이 못 가운데 나타나므로 수레를 멈추고 큰절을 올렸다. 이에 부인이 왕에게 "이곳에 큰 절을 세워주십시오. 진실로 제 소원입니다"라고 청하여 왕은 이를 받아들였다. … 이에 미륵삼존상을 만들고 전(금당)과 탑과 낭무(회랑)를 각각 세 곳에 세우고 절 이름을 미륵사라 하였다. 진평왕은 각종 기술자를 보내 이 역사를 도와주었는데 그 절은 지금도 남아 있다.

하지만 2009년 미륵사지 석탑(서탑)을 복원하기 위하여 해체하던 중

기단부에서 사리장엄구가 발굴되었는데, 그중 사리봉안기에는 다음과 같은 기록이 있었습니다.

우리 백제 왕후는 좌평 사택적덕의 따님으로 지극히 오랜 세월 착한 인연을 심어 … 만민을 어루만져 기르시고 불교의 대들보가 되셨기에 깨끗한 재물을 희사하여 가람을 세우고 기해년 정월 29일에 사리를 받들어 맞이했다. … 원하옵건대 대왕폐하의 수명은 산과 같이 하고 … 왕후의 심신은 수정과 같아서 법계를 비추고 … 모든 중생들도 불도를 이루게 하소서.

즉, 백제의 왕후가 진평왕의 딸 선화공주가 아니라 좌평 사택적덕의 따님이라고 나오는 거죠.《삼국유사》의 기록과 유물의 기록이 다를 때, 우리는 이를 어떻게 해석해야 할까요? 어느 한쪽의 기록을 따를 수도 있고, 양쪽의 기록을 합칠 수도 있겠죠. 유홍준은 두 기록을 합쳐서 선화공주의 발원으로 미륵사 창건을 시작했고, 후비인 사택적덕의 딸이 마무리했다고도 볼 수 있다고 했습니다. 가운데 목탑 또는 동탑의 사리장엄구에 선화공주의 발원을 기록한 사리봉안기가 적혀 있었을지도 모르죠.

그만큼 미륵사는 대찰이었습니다. 우리나라에서 가장 큰 절터이며, 동서로 172m, 남북으로 148m에 이르죠. 그리고《삼국유사》의 기록처럼 3탑 3금당의 삼원일가람 형식입니다. 이는 일반적인 백제 사찰의 형식인 1탑 1금당의 가람배치와 다르죠. 미륵사는 미륵삼존을 위해 창건했고, 또 미륵불은 세 차례의 설법을 통해 중생을 구제하기 때문에 3탑 3금당 형식이 되었다고 추정합니다.

국보 11호 익산 미륵사지 석탑은 우리나라에서 가장 크고(14.24m) 가장 오래된 석탑이며, 3탑 중 서탑에 해당합니다. 가운데 목탑과 동탑은 전하지 않는데, 서탑에 앞서 동탑은 서탑을 고증하여 복원했습니다. 동탑은 복원이라는 말이 무색하게 현대적 탑의 모습을 띠고 있긴 하지만요. 미륵사지 석탑은 목조건축의 양식을 충실히 모방했습니다. 그래서 목탑에서 석탑으로 이행해가는 과정을 잘 보여주는 석탑의 시작이라고 보고 있습니다.

기록에 의하면 익산 미륵사지 석탑은 신라 시대, 고려 시대에도 탑의 수리가 이루어졌습니다. 조선 후기 영조 때 강후진의 〈와유록〉에는 탑의 붕괴에 대한 내용이 나오는데, 조선 시대에 이미 상당 부분 훼손이 있었던 것으로 보입니다. 일제강점기에는 1915년에 시멘트로 보수 처리

국보 11호 익산 미륵사지 석탑의 복원 전(왼쪽)과 복원된 후(오른쪽)의 모습

되었고요.

2001년에는 보수를 위하여 미륵사지 석탑을 해체하기 시작했고, 20년 가까운 시간이 지난 2019년 4월 30일 석탑 보수정비 준공식을 열고 일반에 다시 공개했습니다. 그 과정에서 2009년에는 초층 탑신 내부 심주에서 사리장엄구가 발굴되어 보물로 지정되기도 했죠. 원래의 탑은 9층탑일 것으로 보고 있는데, 탑의 동북쪽이 6층까지 남아 있었고 거기까지 복원을 했습니다. 9층탑 원래의 높이는 상륜부를 포함하면 26m 정도로 추정하고 있습니다.

총 1,627개의 부재를 짜맞춰 재건한 미륵사지 석탑은 옛 부재의 81%를 살려 복원했습니다. 옛 부재와 새 부재의 비율은 65% 대 35%이고요. 2001년 해체 시작부터 2019년의 준공식까지 19년이라는 시간이 걸렸는데, 이는 단일 문화재로는 가장 오랫동안 수리한 기록입니다.

국보 9호 부여 정림사지 오층석탑

정림사지는 사적 301호로 지정되었고, 1942년 절터 발굴 시 '大平八年戊辰定林寺大藏當草(대평팔년무진정림사대장당초)'가 새겨진 기와 조각이 발견되어 '정림사'라는 이름이 밝혀졌습니다. 하지만 정림사는 고려 현종 19년인 1028년(대평 8년) 당시에 쓰이던 이름이고, 백제 시대의 이름은 아직 밝혀지지 않았습니다.

1979년~1980년의 발굴 조사를 통해 정림사의 전체적인 가람배치를 알게 되었습니다. 중문-탑-금당-강당으로 이어지는 일탑식 가람배치를 하고 있고, 절 전체를 회랑이 둘러싸고 있던 것으로 밝혀냈죠. 중문과 탑 사이에는 연못이 있어 다리를 건너 지나가게 했고요. 중문은 정면 3칸,

측면 1칸 구조였고, 금당은 2층 기단 위에 정면 5칸, 측면 3칸의 규모였습니다. 강당은 금당보다 조금 더 큰 정면 7칸, 측면 3칸의 건물이었습니다.

정림사지의 주인공은 누가 뭐래도 국보 9호 정림사지 오층석탑입니다. 중국 역사서인《북사》의 〈백제전〉에는 '寺塔甚多(사탑심다)'라는 기록이 있어, 백제의 절에 탑이 굉장히 많았었다고 전합니다.

미륵사지 석탑은 많은 부재를 사용하여 만들었는데, 이는 목탑에서 석탑으로 변화해가는 과정을 보여줍니다. 이에 비해 정림사지 오층석탑은 적은 부재를 단순하게 활용하면서 석탑으로 한 단계 더 진화한 모습을 보여주죠. 우현 고유섭(1905~1944)은 백제에서는 목탑에서 석탑으로, 신라에서는 전탑에서 석탑으로 변화해갔음을 밝혀내기도 했습니다.

국보 9호 부여 정림사지 오층석탑은 8.33m이며, 기단부는 단층입니다. 1층 몸돌에 비해 2층 몸돌부터는 높이가 반으로 줄어들어 전

국보 9호 부여 정림사지 오층석탑

체적으로 늘씬해 보이면서 상승감을 느낄 수 있고요. 지붕돌은 얇은 판석 끝을 가볍게 올리면서, 이 또한 상승감을 느낄 수 있게 해줍니다. 몸돌의 모서리 기둥은 위로 갈수록 좁아지는데, 이는 목조 기둥의 배흘림 수법을 보여줍니다.

부여 정림사지 오층석탑은 한때 '평제탑'이라고 불렸고, 백제를 멸망시킨 당나라 장수 소정방이 세운 것으로 잘못 알려졌습니다. 1층 몸돌 한쪽에 '大唐平濟國碑銘(대당평제국비명)'이라고 새겨져 있기 때문이죠. 하지만 이는 소정방이 백제를 멸망시키고 이미 세워져 있던 탑에 새긴 것입니다.

국보 289호 익산 왕궁리 오층석탑

이름에서 알 수 있듯이 익산 왕궁리는 옛 궁터였습니다. 백제 무왕의 별궁이 있었다고 하고, 조선 후기의 익산읍지 《금마지》에는 "마한 때의 조궁(朝宮)터라는 성터가 남아 있다"고 나오죠. 《신증동국여지승람》에도 "군의 남쪽 5리에 있다. 세상에 전하기를 옛날 궁궐터라고 한다"고 기록되어 있습니다.

국보 289호 익산 왕궁리 오층석탑은 부여 정림사지 오층석탑을 충실히 계승했습니다. 왕궁리 오층석탑은 언뜻 봐도 백제탑의 느낌이 물씬 풍기는데, 학자에 따라 7세기의 백제탑, 8세기의 통일신라탑, 10세기의 고려탑으로 보는 등 정설이 없었습니다.

근래에 들어 왕흥사지 사리함, 미륵사지 석탑 사리함 등이 발굴되면서, 1965년에 발견된 왕궁리 오층석탑의 사리장엄구를 백제의 유물로 보게 되었고, 왕궁리 오층석탑도 백제의 작품으로 보는 견해가 우세해

국보 289호 익산 왕궁리 오층석탑

졌죠. 왕궁리 절터는 백제 무왕의 별궁이 있던 곳인데 폐궁되면서 사찰이 들어섰고, 처음에 세웠던 목탑을 대신해 목탑의 심초석 위에 석탑을 세웠다고 보는 것입니다. 목탑이 석탑으로 전환되는 과정을 보여주는 거죠.

익산 왕궁리 오층석탑은 높이 8.5m이며, 1단의 기단 위에 1층 몸돌은 모서리 4장과 동서남북 중간 면석 4장을 합쳐 세웠습니다. 2층은 4면 각 1장, 3층부터는 돌을 2장씩 합쳐서 세웠고요. 지붕돌의 경우 1~3층은 윗면과 밑면에 각각 4장씩 모두 8장의 돌을 이용했고, 4~5층은 윗면과 밑면에 각각 2장씩 모두 4장의 돌을 조립했습니다. 층급받침은 모두 3단이고요. 상륜부에는 노반, 복발, 앙화, 부서진 보륜 1개가 남아 있습니다.

백제의 사리장엄구를 알아볼까요?

2009년 익산 미륵사지 석탑 해체 보수 과정에서 사리장엄구가 발견되었습니다. 이 사리장엄구는 2018년에 '익산 미륵사지 서탑 출토 사리장엄구'라는 이름으로 보물 1991호로 지정되었죠. 최순우는 사리장엄구의 아름다움을 이렇게 표현했습니다.

"석가모니의 분신을 모시기 위한 불도들의 온갖 정성이 응결된 거룩한 조형이 바로 사리장치가 지닌 아름다움이며 또 눈으로 느끼는 찬가와도 같은 아름다움이라고 할 수 있다."

국보로 지정된 사리장엄구는 모두 6점입니다. 이 가운데 3점은 통일 신라 시대의 유물인데요. 국보 126호 불국사 삼층석탑 사리장엄구, 국보 208호 도리사 세존사리탑 금동 사리기, 그리고 국보 233호 전 산청 석남암사지 납석사리호가 해당됩니다. 나머지 3점은 국보 123호 익산 왕궁리 오층석탑 사리장엄구, 국보 288호 부여 능산리사지 석조사리감, 국보 327호 부여 왕흥사지 사리장엄구인데, 모두 백제의 작품입니다.

유홍준은 "6세기로 들어서면 삼국, 특히 백제와 신라는 고분 미술에 쏟던 열정을 불교미술을 위해 바친다. 거대한 고분 대신 장엄한 가람을 건설하고 화려한 금관 대신 아름다운 사리함을 만든다"라고 말했습니다. 백제가 만든 아름다운 사리장엄구를 하나하나 살펴보겠습니다.

국보 123호 익산 왕궁리 오층석탑 사리장엄구

국보 123호 익산 왕궁리 오층석탑 사리장엄구는 1965년 익산 왕궁리 오층석탑(국보 289호)을 보수하던 중에 발견되었습니다. 1층 옥개석에 방형 사리공이 두 개 있었는데, 동쪽 사리공에서 녹색 유리사리병-금제사리합-금동제사리외함이 발견되었고, 서쪽 사리공에서는 금제금강경판-금동제경판내합-금동제경판외함이 나왔습니다. 동쪽 사리공은 부처님의 진신사리를 위한 공간이고, 서쪽 사리공은 부처님의 말씀인 법신사리 봉안을 뜻합니다.

목탑의 심초석에 해당하는 방형석에는 사리공이 품(品)자형으로 되어

국보 123호 익산 왕궁리 오층석탑 사리장엄구

있었는데, 동쪽 사리공에서 금동여래입상과 청동방울이, 북쪽 사리공에서 철편과 향이 발견되었으며, 서쪽 사리공은 비어 있었습니다. 도굴이 의심되지만 서쪽 사리공의 유물만 어떻게 훔쳐 갔을까요?

1965년에 사리장엄구가 발굴되었을 때는 이들을 통일신라의 유물로 추정했습니다. 당시에는 이렇다 할 백제 공예품이 출토된 것이 없어 통일신라의 사리함과 견줘 그렇게 생각한 거죠. 그러나 1971년 무령왕릉, 1997년 백제 금동대향로(국보 287호), 2007년 왕흥사 사리함(국보 327호), 2009년 미륵사지 석탑 사리함(보물 1991호) 등 백제의 불교 공예품들이 발굴됨으로써, 익산 왕궁리 오층석탑 사리장엄구도 백제 장인의 작품으로 인식하게 되었습니다.

국보 288호 부여 능산리사지 석조사리감

국보 288호 부여 능산리사지 석조사리감은 높이 74cm, 너비 50cm입니다. 1995년 10월 부여 능산리고분군과 나성 사이에 있는 절터에서 발굴되었죠. 이 절터는 일탑일금당의 가람배치를 이루고 있는데, 금당 남쪽 목탑지 중앙에 있는 심초석(108cm×133cm) 남쪽 부분에서 비스듬히 놓인 상태로 발견되었습니다.

사리를 담은 용기를 보관하기 위한 감실이지만, 출토 당시 사리장치는 남아 있지 않았습니다. 하지만 감실 입구 양쪽에 각각 10자씩 명문이 있어 백제 시대 문화 연구에 있어 매우 중요한 자료입니다. 오른쪽에는 '百濟昌王十三年太歲在(백제창왕십삼년태세재)', 왼쪽에는 '丁亥妹兄公主供養舍利(정해매형공주공양사리)'라고 새겨져 있습니다.

여기서 창왕은 성왕의 아들인 위덕왕이고, 정해년은 567년입니다. 이

국보 288호 부여 능산리사지 석조사리감

를 통해 우리는 절의 창건 연대나 발원자 등을 명확하게 알 수 있습니다. 또한 《삼국사기》의 기록에 따르면 위덕왕 13년은 병술년인데, 석조사리감에는 위덕왕 13년을 정해년으로 기록했습니다. 이를 통해 《삼국사기》는 즉위년칭원법(선왕이 사망하고 새 왕이 즉위한 바로 그 해를 새 왕의 원년으로 삼는 법)을 사용하고, 백제는 유년칭원법(선왕이 사망하고 새 왕이 즉위한 다음 해를 새 왕의 원년으로 삼는 법)을 사용했음을 알 수 있습니다. 명문의 글씨체는 중국 북조의 글씨체인데, 이는 당시 백제가 북조와도 교류하고 있었음을 보여줍니다.

국보 327호 부여 왕흥사지 사리장엄구

2007년에 부여 왕흥사터를 발굴하던 중 목탑터 심초석의 사리공에서 아름다운 사리장치가 출토되었습니다. 이 사리장엄구는 청동사리함 속에 은제사리병(외병)이 들어 있었고, 은제사리병 속에는 금제사리병이 들어 있는 3단 구조였죠. 출토 후 2012년 6월에 보물 1727호로 지정되었다가 2019년 6월에 다시 국보 327호로 지정되었습니다.

丁酉年二月十五日 百濟王昌爲亡王子立刹 本舍利二枚 葬時神化爲三

정유년이월십오일 백제왕창위망왕자립찰 본사리이매 장시신화위삼

"정유년 2월 15일에 백제왕 창이 죽은 왕자를 위해 절을 세웠다. 본래 사

리는 2매였는데 봉안할 때 신묘한 변화로 셋이 되었다."

특히, 사리장엄구의 청동외함에 는 위와 같은 명문이 새겨져 있어 서 절의 창건에 대한 명확한 정보 를 주고 있습니다. 창왕은 백제 위 덕왕의 생전 이름이고, 정유년은 577년이죠. 먼저 세상을 떠난 아들 을 위해 위덕왕(창왕)은 절을 세웠

국보 327호 부여 왕흥사지 사리장엄구

던 겁니다. 사리 2매가 3매가 되었다는 구절은 사리를 봉안할 때 쓰는 의 례적인 문장이라 하고요.

그런데 《삼국사기》에는 600년(법왕 2)에 "왕흥사를 창건하고 도승(度 僧) 30명을 두었다"는 기록이 있고, 634년(무왕 34)에 "왕흥사가 창건되었 는데, 이 절은 물가에 임하여 짓고 채색이 화려하고 장엄했다. 왕은 늘 배를 타고 절로 들어가 향을 피웠다"는 기사가 나옵니다.

먼저 위덕왕이 죽은 아들을 장사지내며 577년에 원찰(사찰 가운데 창 건주가 자신의 소원을 빌거나 죽은 사람의 명복을 빌기 위하여 건립하는 불교건축물) 을 지었고, 법왕은 그 원찰의 이름을 왕흥사(王興寺)로 바꾸었습니다. 법 왕은 왕흥사를 세움으로써 왕권을 강화하려 했습니다. 왕의 정치적 위 상을 높이는 뜻에서 이미 있던 원찰을 이용해 스님 30명이 머물 수 있는 절로 확장했던 것이죠. 불행히도 법왕은 재위 2년 만에 세상을 떠났고, 뒤를 이은 무왕이 법왕의 뜻을 이어받아 왕흥사를 중건했다고 볼 수 있 습니다.

황룡사 구층목탑을 세운 뜻은 무엇일까요?

643년(선덕여왕 12)에 당나라에서 돌아온 자장율사는 선덕여왕에게 황룡사 구층목탑을 세우자고 청했습니다. 2년 뒤인 645년에 목탑을 완성했는데, 《삼국유사》에는 다음과 같이 백제의 기술자 아비지가 황룡사 구층목탑 건설에 참여했다는 기록이 있습니다. 백제의 탑 건립 기술이 신라로 전해졌던 것이죠.

이 탑의 높이는 찰주 아래까지가 183척, 찰주 높이가 42척, 총 225척(약 80m)이었으며 선덕여왕이 이 탑을 어떻게 세울 것인가를 신하들에게 물었을 때 "공장(工匠)을 백제에 청해야 할 것입니다"라고 하여 보물과 비단으로 백제에 청하여 아비지라는 공장이 명을 받고 와서 목재와 석재로 건축을 경영하고 이간 용춘(무열왕의 아버지)이 소장(小匠) 200명을 거느리고 일을 주관했다.

선덕여왕은 황룡사 구층목탑 각 층마다 주변의 물리칠 국가를 새기도록 했습니다. 각각 1층은 일본, 2층 중화, 3층 오월, 4층 탁라, 5층 응유, 6층 말갈, 7층 단국, 8층 여적, 9층은 예맥입니다. 이 중 5층 응유는 백제, 9층 예맥은 고구려를 뜻한다고 하는데요. 신라의 선덕여왕이 황룡사 구층목탑을 세운 뜻은 무엇일까요? 가족과 함께 황룡사 구층목탑에 대하여 이야기를 나눠 보세요.

가족과 함께 이야기 나누고 싶은 질문들을 적어보세요

순천 송광사
구례 연곡사

순천 송광사는 삼보사찰의 하나로, 고려 시대에 16분의 국사를 배출한 승보사찰이다. 통도사는 석가모니의 진신사리를 모시고 있어 불보사찰, 해인사는 팔만대장경 때문에 법보사찰로 통한다. 송광사의 이름과 관련한 흥미로운 이야기는 송광사의 '송(松)'을 파자하면 '十八公'이고 16분의 국사를 배출했으니, 두 분의 큰 스님이 더 나오실 거라고 한다. 16분의 영정을 모신 국사전도 실내가 18칸으로 이루어져 있다.

구례 연곡사는 남아 있는 유적들을 통해 통일신라 말기에서 고려 초기로 추정하지만, 입구 안내문에는 백제 성왕 때 연기스님이 창건한 것으로 기록하고 있다. 옛 백제 땅의 연곡사 창건 시기를 백제의 역사로 기록하는 것도 의미가 있어 보인다.

승보사찰 송광사

송광사가 자리 잡은 조계산은 원래 송광산이라 불리었습니다. '송광사'에 옛 산의 이름이 남아 있는 거죠. 그런데 산 이름은 조계산으로 바뀌었습니다. 송광사의 1세 국사인 보조국사 지눌 스님이 중국 혜능 스님의 《육조단경》을 읽고 큰 깨달음을 얻어, 혜능 스님이 공부했던 중국 조계산의 이름을 따라 송광산을 조계산으로 바꾸어 불렀다고 합니다.

송광사의 이모저모를 살펴보면, 일주문을 지나 금천을 건너기 전 오른쪽 작은 건물 2채 앞에 가느다랗지만 꽤 높은 나무가 서 있습니다. 그 나무는 보조국사 지눌스님의 지팡이로 전해지는데, 이 세상에 불법이 널리 퍼져 완성될 때 다시 한번 꽃을 피울 거라는 이야기가 있습니다. 나무 뒤쪽의 건물 두 채의 이름은 척주당과 세월각인데요. 요즘이야 형편이 좀 나아져서 돈이 없어 제사를 지내지 못하는 분들이 많지 않지만, 옛날에는 형편이 어려운 분들이 척주당과 세월각에 고인의 이름을 적어 넣어두면 스님들이 함께 제사를 지내주었다고 합니다. 척주당은 남자용, 세월각은 여자용이라는데, 척주당은 대웅보전과 마주 보고 있는데 세월각은 대웅보전과 마주 보고 있지 않은 점이 재미있습니다.

척주당과 세월각 바로 옆 금천을 건너기 전에 무지개다리 아래를 살펴보면, 돈이 매달려 있는 모습을 볼 수 있습니다. 이 무지개다리를 만들다가 남은 돈을 나중에 보수가 필요할 때 보태 쓰라고 매달아 둔 것이라는데, 돈 한 푼도 허투루 쓰지 않겠다는 마음이 담겨 있는 것이라고 합니다. 다리를 건너면 바로 사천왕문입니다. 부처님의 세계를 지키는 네 분의 천왕이 계신데, 발 밑의 악귀를 보며 부처님을 만나기 전 마음을 차분하게 하는 공간입니다.

사물인 범종, 운판, 목어, 법고가 있는 종고루 아래를 지나면 송광사의 중심 건물 대웅보전을 만납니다. 언뜻 보기에는 정면 5칸으로 보이는데, 실제로는 정면 7칸, 측면 5칸의 큰 건물입니다. 부처님 모시는 곳을 너무 크게 지으면 안 된다는 마음과 현실적인 공간 문제를 해결하기 위해 亞자 형으로 지었다고 하네요.

대웅보전 내부에는 과거의 연등불, 현재의 석가모니불, 미래의 미륵불과 문수, 보현, 관음, 지장보살 네 분을 함께 모시고 있습니다. 대웅보전에서 종고루를 바라보면 왼편에 작은 불전들이 보입니다. 보물 302호 약사전과 보물 303호 영산전인데, 약사전은 정면 1칸, 측면 1칸으로 우리나라에서 가장 작은 불전입니다.

송광사의 중심 인물은 보조국사 지눌스님입니다. 대웅보전 좌측 관음암 뒤편으로 올라가면 지눌스님 승탑인 감로탑이 있습니다. 승탑 옆에는 '불일보조국사감로지탑'이라 쓰여 있는 비가 있습니다. 이곳에서 송광사 전경을 바라보면 주변 산세와 건물의 지붕이 아름답게 조화를 이루죠. 불일암은 법정 스님이 공부하시고 입적하셔서 묻히신 곳으로 유명합니다.

지금도 불일암에 올라가면 법정스님의 흔적을 느낄 수 있고요. 불일암의 원래 이름은 자정암인데, 7세 국사이신 자정국사가 처음 지었고 불일암 옆에는 자정국사의 승탑도 남아 있습니다. 법정스님이 지눌스님의 뜻을 이어 공부에 정진하고자 불일암으로 고쳐 불렀다고 합니다.

국보 56호 순천 송광사 국사전

국사전은 승보사찰 송광사에서 상징적인 의미가 있는 건물입니다. 1세 보조국사 지눌스님부터 조선 초기의 고봉국사까지 16분의 영정을 모셨던 곳이죠. 보통 사찰에서는 중심 건물인 대웅전이 가장 높은 곳에 위치해 있기 마련인데, 송광사는 국사전 뿐만 아니라 스님들이 공부하는 수선 영역이 대웅전보다 더 높이 있습니다.

정면 4칸, 측면 2칸의 국사전은 맞배지붕으로 스님들의 단아한 성품

국보 56호 순천 송광사 국사전

을 보여주듯 단정한 느낌입니다. 고건축물 정면 칸수가 대부분 홀수인데, 국사전은 짝수 4칸인 것이 특이합니다. 1995년에는 16국사 진영 중 13점이 국사전 뒷벽이 헐린 상태로 도난당했는데, '안장헌의 문화유산과 사진 이야기'에 따르면 1세 보조국사 지눌, 2세 진각국사 혜심의 진영은 성보박물관에 전시 중이었고, 14세 정혜국사의 진영은 수장고에 들어가 있었기 때문에 화를 면했다고 하네요.

국보 314호 순천 송광사 화엄경변상도

2003년 보물 1366호로 지정되었다가 2009년에 국보 314호로 승격된 순천 송광사 화엄경변상도는 조선 시대 그려진 화엄경변상도 중 시기가 가장 빠른 작품(영조 46, 1770년)일 뿐만 아니라 화엄경의 설법 내용을 효과적으로 표현한 작품입니다. 하단에는 지상의 법회 5장면,

국보 314호 순천 송광사 화엄경변상도

상단에는 천상의 법회 4장면이 그려져 있습니다.

국보 42호 순천 송광사 목조삼존불감

목조삼존불감의 높이는 13.9cm이고, 문을 닫았을 때 너비 7cm, 문을 열었을 때의 너비는 17cm로 매우 작은 작품입니다. 불감은 휴대용 법당이라고 할 수 있는데요. 언제든지, 어디를 가든지 불감을 펼쳐놓으면 그

국보 42호 순천 송광사 목조삼존불감

곳이 불전이 되는 거죠.

송광사 목조삼존불감은 가운데 방에 본존불이 조각되어 있고, 오른쪽 방에는 코끼리를 탄 보현보살이, 왼쪽 방에는 사자를 탄 문수보살이 새겨져 있습니다. 보조국사 지눌스님이 중국 금나라 황후의 병을 치료해 주고 선물로 받은 것이고, 당나라 때 만들어진 것으로 알려져 있습니다.

국보 43호 송광사 혜심고신제서

송광사 혜심고신제서는 고려 고종이 1216년(고종 3)에 2세 진각국사에게 대선사의 호를 내린 제서입니다. 고려 고종이 내렸다고 해서 고려고종제서라고도 합니다. 제서는 쉽게 말해 임금의 명령서라고 할 수 있습니다. 《한국고전용어사전》에 의하면 임금이 제도에 관련한 사항을 내릴 때 사용하는 명령서라고 합니다. 세로 33cm에 펼쳤을 때 가로는

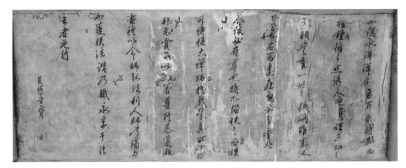

국보 43호 송광사 혜심고신제서

3.6m에 이릅니다. 보존 상태가 좋지 않아 비단은 해어졌고 글자들은 닳아서 전체 내용을 알 수 없지만, 고려 조정과 불교와의 관계를 알려주는 몇 안 되는 작품 중 하나입니다.

국보 53호 구례 연곡사 동 승탑

구례 연곡사는 임진왜란 때, 을사조약 이후, 그리고 한국전쟁 때 세 차례나 전소되는 아픔을 겪습니다. 첫 번째 임진왜란 때는 왜군이 연곡사 승병을 공격하면서 불탔습니다. 두 번째는 을사조약 후 일본군이 고광순 의병장을 중심으로 활약하던 항일의병을 기습하면서 소실되었고요. 마지막으로 한국전쟁 때 연곡사가 자리 잡은 피아골이 북으로 가지 못한 빨치산의 집결지가 되면서 전소되었습니다. 그래서 불전 등은 오래된 것이 없고, 돌로 된 유적들만이 연곡사의 오랜 자취를 보여주고 있습니다.

국보 53호 구례 연곡사 동 승탑은 일제강점기 때 일본으로 반출하려다가 운반의 어려움 때문에 포기했을 정도로 예술적 가치가 높습니다. 새겨져 있는 사천왕상, 가릉빈가 등은 정교하기 이를 데 없고, 지붕 기와 장식을 보면 어떻게 저렇게 섬세하게 조각했을까 하는 생각이 들죠.

국보 53호 구례 연곡사 동 승탑

도선국사의 승탑으로 알려졌지만, 바로 옆 승탑비의 비신이 발견되지 않아 확실하지는 않습니다. 가릉빈가는 이집트의 스핑크스와 비교하면 이해가 쉽습니다. 스핑크스가 사람과 사자의 합성이라면, 가릉빈가는 사람의 형상에 날개가 달려있으며 불교에서는 극락조로 보고 있습니다. 다만 상륜부의 봉황새 머리 부분이 모두 잘려 나간 점이 아쉽습니다.

국보 54호 구례 연곡사 북 승탑

동 승탑 자리에서 조금 더 위로 올라가면 북 승탑이 나오는데 고려시대 현각선사 승탑으로 알려져 있습니다. 현각선사 탑비는 절의 아래

삼층석탑 쪽에 있는데, 조성 시기가 고려 초로 비슷해서 현각선사 승탑으로 추정하죠. 북 승탑은 동 승탑을 모방해서 큰 차이는 없다고 하지만, 돌의 빛깔도 다르고, 상륜부 쪽에는 최근에 복원한 듯한 느낌이 드는 부분도 있습니다. 맨 윗부분은 약간 기울어져 보이기도 하죠. 동 승탑보다는 후대에 조성한 것이어서 조각 부분은 좀 더 생동감 있게 느껴지며, 북 승탑 역시 봉황새의 머리 부분이 모두 잘려 나간 점이 아쉽습니다.

국보 54호 구례 연곡사 북 승탑

대웅전과 대웅보전의 차이점은 뭘까요?

절에 가보면 어떤 곳에는 대웅전(大雄殿)이 있고, 다른 곳에는 대웅보전(大雄寶殿)이 있습니다. 대웅전과 대웅보전은 모두 석가모니 부처님을 주불로 모시는 전각인데요. 대웅전과 대웅보전이라고 이름을 달리 붙이는 까닭이 뭘까요?

여수 흥국사에는 보물 396호 대웅전이 있고, 공주 마곡사에는 보물 801호 대웅보전이 있습니다. 이제 내부 사진을 살펴볼까요?

여수 흥국사 대웅전에는 가운데 석가모니 부처님을 관음보살상과 세지보살상이 협시하고 있습니다. 이에 반해 공주 마곡사 대웅보전에는 석가모니불과 함께 양옆에 약사불과 아미타불을 모시고 있죠. 즉, 보살상이 석가모니 부처님을 협시하면 대웅전이고, 석가모니 부처님과 다른 부처님을 함께 모시고 있으면 전각의 이름을 높여 대웅보전이라 하는 것입니다.

보물 396호 여수 흥국사 대웅전

또, 석가모니 부처님을 주불로 모시지 않는 경우에는, 절에 대웅전 또는 대웅보전이라는 전각이 없을 수도 있는데요. 비로자나불을 주불로 모시는 절에는 대적광전이 있고, 아미타불을 주불로 모시는 사찰에는 극락전 또는 무량수전이 있습니다.

비로자나불이 부불일 경우에는 전각의 이름이 비로전이나 화엄전이 되고, 아미타불을 부불로 모실 때는 미타전이라고 하죠. 관세음보살을 주불로 모시면 전각 이름이 원통전이 되고, 부불로 모시면 관음전이 되고요. 이렇게 절에서 모시는 부처님이 주불이냐 부불이냐에 따라 전각 이름을 달리 붙입니다.

모든 원칙에는 예외가 있듯이, 반드시 전각의 이름과 모시고 있는 부처님이 일치하는 것은 아닙니다. 예를 들면 (대)적광전에는 비로자나불을 주불로 모시는 게 통례지만, 평창 월정사 적광전에는 석가모니불이 모셔져 있죠. 1950년대에 탄허스님이 불상은 그대로 두고 화엄경의 주불인 비로자나불을 모신다는 의미로 현판만 대웅전에서 적광전으로 고

보물 801호 공주 마곡사 대웅보전

처 달았기 때문입니다.

청양 장곡사에는 특이하게도 대웅전이 2채 있는데요. 이들 대웅전에는 모두 석가모니 부처님이 모셔져 있지 않습니다. 상대웅전에는 비로자나불이 약사불, 아미타불과 함께 모셔져 있고, 하대웅전에는 약사불만 모시고 있죠. 1777년의 〈상대웅전 중수기〉에 따르면 상대웅전에는 석불 2구와 금불 3구가 있었는데, 비로자나불을 주불로 노사나불, 석가불, 아미타불, 약사불이 있었다고 추정합니다. 그중 노사나불과 석가불이 사라져서 3구의 부처님이 남았고요. 비로자나불이 주불인데, 왜 대웅전인지는 아직 밝혀지지 않았습니다.

하대웅전의 경우에는, 주불인 석가불과 협시불로 약사불, 아미타불이 함께 있었는데, 지금은 약사불만 남은 것으로 짐작합니다. 또는 전각의 크기에 비해 약사불이 작기 때문에, 다른 전각에 있었던 약사불을 옮긴 것이라 보기도 합니다.

탑과 승탑의 차이점은 뭘까요?

 승탑(僧塔)은 스님의 탑이라는 뜻입니다. 탑은 예배의 대상으로서 부처님의 사리를 모시기 위해 조성했는데, 스님의 탑은 왜 세웠을까요? 승탑의 조성은 통일신라 시대 선종의 도입과 관련이 깊습니다. 선종에서는 '깨달은 사람이 바로 부처'라고 하는데요. 불도를 깨달은 하대신라의 고승들도 부처님과 같은 대접을 받을만하게 된 거죠. 그래서 부처의 사리를 탑에 모셨듯이 고승들의 사리를 승탑에 모신 것입니다.

 통일신라 때 당나라 서당지장 스님의 도를 이어받은 진전사의 도의, 실상사의 홍척, 태안사의 혜철로부터 선종은 출발했습니다. 도의선사의 제자인 염거화상으로터 배운 체징이 장흥 보림사를 세우면서 구산선문

보물 439호 양양 진전사지 도의선사탑   국보 104호 (전) 원주 흥법사지 염거화상탑

(구산선문과 개산조:장흥 가지산 보림사(체징), 남원 실상산 실상사(홍척), 곡성 동리산 태안사(혜철), 강릉 사굴산 굴산사(범일), 창원 봉림산 봉림사(현욱), 영월 사자산 법흥사(도윤), 문경 희양산 봉암사(지선), 보령 성주산 성주사(무염), 해주 수미산 광조사(이엄))은 시작되었고 전국 곳곳에 선종 사찰이 세워졌죠. 이렇게 시작된 선종과 함께 진전사의 도의선사탑으로부터 승탑도 시작되었습니다. 도의선사탑은 탑의 2단 기단부에 팔각의 몸돌을 얹은 형태인데, 이후 국보 104호 염거화상탑부터 팔각원당형 승탑의 전형이 완성되었습니다.

지금까지 국보로 지정된 승탑은 모두 8점입니다. 국보 4호 여주 고달사지 승탑, 53호 구례 연곡사 동 승탑, 57호 화순 쌍봉사 철감선사탑, 104호 (전)원주 흥법사지 염거화상탑은 통일신라 시대의 작품입니다. 54호 구례 연곡사 북 승탑, 101호 원주 법천사지 지광국사탑, 102호 충주

국보 4호 여주 고달사지 승탑

국보 57호 화순 쌍봉사 철감선사탑

정토사지 홍법국사탑, 197호 충주 청룡사지 보각국사탑은 고려 시대 승탑이고요.

국보 4호 여주 고달사지 승탑은 높이가 3.4m로 우리나라 승탑 중 규모가 가장 클 뿐만 아니라 세련미와 균형미도 뛰어납니다. 기단부, 탑신부, 지붕돌을 모두 갖춘 전형적인 팔각원당형의 모습을 보여주죠. 868년(경문왕 8)에 입적한 원감대사의 승탑이라는 설이 있지만 확실하지는 않습니다.

철감선사 도윤은 20여 년간 당나라에 유학한 후 쌍봉사에서 선종을 전파했고, 그의 제자인 징효 스님이 영월 사자산 법흥사에서 구산선문의 하나인 사자선문을 열었습니다. 국보 57호 철감선사탑은 연곡사 동승탑과 함께 통일신라 승탑의 백미로 평가받고 있고요.

국보 102호 충주 정토사지 홍법국사탑

국보 101호 원주 법천사지 지광국사탑

고려 시대에는 연곡사 북 승탑처럼 통일신라 시기의 팔각원당형을 이어받은 승탑도 만들어졌지만, 국보 101호 지광국사탑이나 102호 홍법국사탑 같은 새로운 승탑 양식도 나타났습니다. 홍법국사탑은 기단부와 지붕돌은 기존의 팔각원당형을 유지하면서 몸돌을 사리호 형태로 변형했고, 지광국사탑은 가마의 모습을 따서 만들었는데 화려한 조각이 작품 전체에 새겨져 있죠.

지광국사탑은 1912년에 일본에 반출되었다가 1915년에 돌아온 후 한국전쟁 당시에는 지붕돌 윗부분이 폭탄에 맞아 12,000여 조각으로 파손되었습니다. 1975년에 1차 복원 후 2015년부터는 문화재보존과학센터에서 재보수 중입니다. 보수가 끝나면 국보 59호 원주 법천사지 지광국사탑비 옆 제자리로 돌아올 예정이고요. 법천사지 지광국사탑과 탑비처럼 승탑과 탑비는 함께 건립되었습니다.

탑비에는 승탑 주인공의 생애와 업적에 대한 내용을 새겼는데, 그 자체로 아름다운 예술품입니다. 2020년까지 국보로 지정된 탑비는 모두 4점(국보 8호 보령 성주사지 낭혜화상탑비, 국보 47호 하동 쌍계사 진감선사탑비, 국보 59호 원주 법천사지 지광국사탑비, 국보 315호 문경 봉암사 지증대사탑비)입니다.

외국 문화재도 우리나라 국보가 될 수 있나요?

국보 42호 순천 송광사 목조삼존불감은 중국 당나라에서 만들어진 것입니다. 우리나라 국보 중에는 외국에서 만든 문화재들도 있는데요. 2020년에는 국보 168호였던 백자 동화매국문 병이 우리나라와 무관하고, 같은 종류의 도자기가 중국에 많이 남아 있다는 이유로 국보 지정이 해제되기도 했습니다.

현행 문화재보호법에 의하면 외국 문화재라 해도 우리나라 문화사에 큰 영향을 끼친 작품은 국보나 보물로 지정할 수 있는데요. 외국에서 왔거나 외국인이 제작한 문화재도 우리나라 국보로서 가치를 가질 수 있을까요?

가족과 함께 이야기를 나눠 보세요.

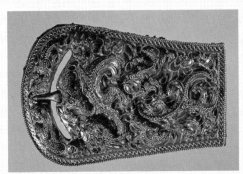

국보 89호 평양 석암리 금제 띠고리 (낙랑)

국보 193호 황남대총 남분 유리병 및 잔 (서역)

5장

경상권

경주 불국사 · 석굴암

경주시 토함산 서쪽 중턱에 있는 불국사는 통일신라 751년(경덕왕 10)에 김대성의 발원으로 창건된 사찰로 대한불교조계종 제11교구 본사이다. 그러나 〈불국사고금창기〉에 의하면, "이차돈이 순교한 이듬해 법흥왕의 어머니 영제부인과 기윤부인이 이 절을 창건하고 비구니가 되었다"고 한다. 그리고 "574년 진흥왕의 어머니인 지소부인이 이 절을 중창하고 승려들을 득도하게 하였으며, 왕의 부인은 비구니가 된 뒤 이 절에 비로자나불상과 아미타불상을 봉안하였다"고 한다. 또한 670년(문무왕 10)에는 이 절의 강당인 무설전을 짓고 신림·표훈 등 의상의 제자들을 머물게 하였다"고 전한다. 불국사의 부속암자인 석굴암은 창건 당시 석불사였다. 1995년 유네스코(UNESCO)에서 제정한 세계문화유산으로 등재되었다.

국보 20호 경주 불국사 다보탑

불국(佛國)은 지상에 부처님의 나라를 만들었다는 의미입니다. 《삼국유사》에 따르면 751년(경덕왕 10)에 김대성이 현생의 부모를 위해 불국사를 창건하고, 전생의 부모를 위해서는 석굴암(석불사)을 세웠다고 합니다. 고려와 조선 시대에도 여러 차례 중수되었는데, 특히 임진왜란 때 큰 피해를 입었죠. 1969년의 발굴 조사 뒤에 1973년에 대대적 보수공사를 펼쳤습니다. 불국사는 크게 대웅전 영역, 극락전 영역, 비로전 영역으로 나눌 수 있습니다. 대웅전 영역은 석가불의 피안세계를, 극락전 영역은 아미타불의 극락세계를, 비로전 영역은 비로자나불의 연화장세계를 표현한 것입니다. 말 그대로 부처님의 나라인 거죠.

국보도 세 영역에 골고루 있습니다. 대웅전 앞에 석가탑과 다보탑이 자리 잡고 있고, 극락진의 금동아미타불좌상, 비로전의 금동비로자나불 좌상이 국보로 지정되어 있습니다. 나머지 국보는 속세와 불국을 연결하는 청운교, 백운교(국보 23호)와 연화교, 칠보교(국보 22호)입니다.

국보 20호 다보탑의 정식 명칭은 다보여래상주증명탑(多寶如來常住證明塔)입니다. 법화경에 따르면 석가모니가 영취산에서 설법할 때 과거불인 다보여래의 진신사리가 모셔져 있는 탑이 땅에서 솟아올라 석가모니의 설법이 진리임을 증명했다고 합니다. 그러니까 불국사 대웅전 앞에는 석가모니를 상징하는 석가탑과 과거불인 다보불을 상징하는 다보탑이 함께 서 있는 거죠.

국보 20호 경주 불국사 다보탑

다보탑은 우리나라 이형탑의 최고봉으로 꼽히며, 1층은 사각 모양, 2층은 팔각 모양, 3층은 원 모양으로 이루어진 3층 양식입니다. 하지만 보는 방향에 따라 탑의 층수가 달라 보이는데요. 3층설 외에도 2층설과 4층설 등이 있습니다. 최근에는 기단과 사각형 기둥의 1층, 팔각형 모양의 2층, 그리고 그 윗부분은 상륜부로 보는 2층설이 주를 이룹니다.

1925년 일제강점기에 다보탑을 해체, 보수하는 과정에서 사리장치 등 부장 유물이 발견되었는데 지금은 어디에 있는지 알 수 없고, 다보탑을 지키던 사자상도 네 마리였지만 지금은 한 마리만 남아 있습니다. 네 마리 사자는 원래 모서리에 있었는데, 한 마리만 남아서 가운데로 옮겼다 합니다. 그나마 하나의 사자상이라도 남을 수 있었던 이유는 이 사자상이 파손된 부분이 많았기 때문이라고 짐작합니다.(국립경주박물관에 네 모서리에 사자가 놓여 있는 복제품 전시) 복잡한 구조를 하고 있지만, 누구나 경탄하는 화려함과 정교함은 통일신라 시대 석탑 조성 기술이 얼마나 높았는지 보여줍니다.

국보 21호 경주 불국사 석가탑

국보 21호 경주 불국사 석가탑

나란히 서 있는 국보 21호 석가탑은 통일신라 삼층석탑의 전형을 보여줍니다. 석가탑의 정식 명칭은 석가여래상주설법탑(釋迦如來常住說法塔)입니다. 다보여래가 진리임을 증명할 때, 석가모니가 설법을 하고 있었으니, 그 명칭이 서로 연결됩니다.

석가탑은 다보탑의 화려함에 대비하여 단순하지만, 그 균형적 안정감과 상승감 때문에 많은 이들의 사랑을 받아 왔죠. 1966년 보수공사 도중 사리장치와 함께 세계 최고(最古)의 목판인쇄본인 무구정광대다라니경(국보 126호)이 발견되었습니다.

석가탑은 대체로 보존이 잘 되어왔지만, 상륜부는 보물 37호 남원 실상사 삼층석탑을 본떠 복원한 것입니다. 석가탑은 또한 '무영탑(無影塔)'이라 불리는데, 석공 아사달과 부인 아사녀의 슬픈 사랑 이야기가 전해지고 있습니다.

국보 22호 불국사 연화교 및 칠보교
국보 23호 불국사 청운교 및 백운교

국보 22호 불국사 연화교 및 칠보교와 국보 23호 불국사 청운교 및 백운교는 속세와 부처님의 나라를 연결하는 계단 형태의 다리입니다. 연화교·칠보교와 청운교·백운교는 양식은 같지만 규모가 다르죠. 연화교는 10단, 칠보교는 8단으로 구성되고, 청운교는 17단, 백운교는 16

국보 22호 불국사 연화교 및 칠보교, 국보 23호 불국사 청운교 및 백운교

단으로 구성되어 있습니다.

　연화교 및 칠보교를 오르면 안양문을 지나 극락전에 닿게 되고, 청운교 및 백운교를 오르면 자하문을 지나 대웅전을 만날 수 있습니다. 지금은 계단을 오를 수 없어서 눈으로만 감상을 해야 하죠. 계단 층층이 새겨진 연꽃무늬와 계단 기둥 사이를 가로지르는 난간이 아름답습니다.

국보 26호 불국사 금동비로자나불좌상
국보 27호 불국사 금동아미타여래좌상

　비로자나불은 불교의 진리, 곧 불법(佛法) 그 자체를 상징하는 법신불(法身佛)입니다. 국보 26호 불국사 금동비로자나불좌상은 높이 1.77m, 폭은 1.36m입니다. 다른 비로자나불과 달리 오른손 검지를 세워서 왼손으로 움켜쥐는 지권인을 하고 있습니다.(비로자나불은 왼손 검지를 오른손으로 움켜쥐는 것이 일반적) 오른손은 불계를, 왼손은 중생계를 표시하며, 부처와 중생이 둘이 아니라 하나임을 상징합니다.

　비로전은 무설전 뒤쪽으로 관음전과 나란히 위치하고 있으며, 1973

국보 26호 불국사 금동비로자나불좌상

국보 27호 불국사 금동아미타여래좌상

년에 복원되었습니다.

연화교, 칠보교를 거쳐 안양문으로 들어가면 불국사 극락전입니다. 극락전은 1750년(영조 26)에 중수되었다가 1925년에 다시 지어졌습니다. 극락전 안에는 국보 27호 불국사 금동아미타여래좌상이 있는데, 높이 1.66m, 폭은 1.25m입니다. 불국사의 금동비로자나불과 금동아미타불은 백률사 약사여래입상과 함께 통일신라 3대 금동불로 손꼽힙니다.

국보 24호 석굴암

국보 24호 석굴암은 1995년에 우리나라 문화재로는 최초로 유네스코 세계문화유산으로 불국사와 함께 지정되었습니다. 대한민국 300여 점의 국보 하나하나가 소중하겠지만, 석굴암은 그중에서도 최고라고 할

국보 24호 석굴암

수 있죠. 통일신라 경덕왕 때 김대성은 현생의 부모를 위해 불국사를 세우고 전생의 부모를 위해서는 석불사(석굴암)를 세웠습니다. 인공 돔을 만들어 석굴사원으로 꾸미고, 전실에는 인왕상과 사천왕상 등을 새겼고, 주실에는 본존불과 협시보살, 제자상 등을 모시고 새겼죠. 하나의 석굴사원이지만 사찰이 갖추어야 할 구성요소-사천왕문, 인왕문, 대웅전, 문수전 등-를 모두 갖추었다고 볼 수 있습니다.

일제강점기에 일제는 석굴 전체를 해체하여 일본에 가져갈 계획도 세웠지만, 한일병탄으로 그 필요를 못 느끼고 세 차례에 걸쳐 복원 공사를 진행합니다. 복원 공사라고 하기에 민망할 정도로, 원래 스스로 환기와 습도 조절 능력을 가졌던 석굴암은 시멘트가 덕지덕지 붙은 상태로 자정 작용을 잃게 되었고요. 1961년 우리 손으로 다시 복원을 할 때 목조 전실과 유리벽을 설치하면서 인위적으로 환기 및 습기 제거를 하고 있으니, 신라 시대의 과학 기술이 얼마나 현명했는지 미루어 짐작할 수 있습니다.

팔부신중

팔부신중(천룡팔부)은 천, 용, 야차, 건달바, 아수라, 가루라, 긴나라, 마후라를 일컬으며, 원래 인도의 신들이었는데 부처님의 가르침을 받아 불교의 수호신이 됩니다. 석굴암의 팔부신중은 창건 당시의 조각이 아니라고 추정합니다. 그 이유는 팔부중상 신앙이 8세기 중반 이후에 나타나 창건 시기와 맞지 않고, 다른 조각에 비해 그 솜씨가 떨어지기 때문이죠.

인왕상

금강역사라고도 하며 절의 수문장 역할을 합니다. 국립경주박물관에 이 인왕상의 파편이 전시되어 있는데, 이를 통해 현재의 인왕상은 창건 당시의 것이 아니라 재조성한 걸로 보입니다.

사천왕상

부처님 세상의 수호신입니다. 동방 지국천왕, 서방 광목천왕, 남방 증장천왕, 북방 다문천왕이 각기 자신의 방향을 수호하며, 일반 절에서는 사천왕문 양옆에 둘씩 서서 절을 지킵니다.

본존불

연화대좌가 1.6m, 본존불이 3.4m, 합하면 5m 높이입니다. 항마촉지인을 하고 있으며, 일반적으로 광배를 부처상에 붙여서 표현하는데, 석굴암 본존불은 뒤쪽 벽에 광배를 표현하여 더 입체적으로 보입니다.

제석천과 범천

제석천과 범천은 인도 신화에 나오는 신으로, 팔부신중과 마찬가지로 불교의 신이 됩니다.

문수와 보현, 십대제자, 십일면 관음보살

본존불 옆과 뒤쪽으로 보살, 제자, 관음보살 등이 부조로 조각되어 있습니다. 일반적인 절이라면 각각의 불전에 모셨을 겁니다.

경주에 있는 국보로 지정된 석탑들을 비교해볼까요?

　천년 신라의 고도(古都)답게 경주에는 문화재가 많습니다. 다수의 국보를 보유하고 있는 박물관과 미술관들 덕분에 서울이 가장 많은 국보를 보유하고 있지만, 서울을 제외하면 경주에 가장 많은 국보가 있죠. 특히 국보 중에서 석가탑과 다보탑 같은 석탑 국보가 많은데요. 경주의 석탑 국보들을 알아보고 서로 비교해볼까요?

국보 30호 경주 분황사 모전석탑

　첫 번째 석탑은 국보 30호 경주 분황사 모전석탑입니다. 경주의 다른 국보 석탑들과 달리 분황사 모전석탑은 삼국통일 이전에 세워졌죠. 분황사(芬皇寺)는 '향기 나는 황제의 절'이라는 뜻입니다. 당나라 태종이 신라의 선덕여왕에게 모란꽃 그림과 꽃씨를 보냈는데, 그림에 벌과 나비가 없음을 알고 그 꽃씨를 심어도 향기가 나지 않을 거라고 선덕여왕은

국보 30호 경주 분황사 모전석탑

말했죠. 남편이 없는 선덕여왕을 희롱하려고 당 태종이 꽃이 피어도 향기가 나지 않는 꽃씨를 보낸 것입니다. 하지만 선덕여왕은 634년(선덕여왕 3)에 분황사를 짓고, '향기나는 여왕'임을 선포합니다.

분황사는 643년 자장이 당나라에서 돌아왔을 때 머물렀던 절이고, 원효도 이 절에 기거하면서 많은 글을 썼습니다. 솔거가 그린 관음보살상 벽화가 있었다고 전하며, 755년(경덕왕 14)에는 무게가 30만 6000근(18만 3600kg)이 넘는 약사여래입상을 만들어 봉양했다고도 전해집니다. 몽골의 침입과 임진왜란 등을 겪으며 파괴되었고, 분황사 석탑, 화쟁국사비편, 삼룡변어정 등만이 여전히 자리를 지키고 있습니다.

분황사 모전석탑은 신라 석탑 중 가장 오래된 것입니다. 화강암을 이용한 석탑이 주를 이루는 데 비해, 안산암을 벽돌 모양으로 가공해서 탑을 쌓아 올렸죠. 벽돌로 쌓은 탑을 전탑이라고 하는데, 전탑을 모방하되

돌(石)을 이용하여 만들었기 때문에 '모전석탑'이라고 부릅니다.

지금은 3층만 남아 있지만, 원래는 7층 또는 9층이었을 것으로 추정하고 있죠. 기단 역시 막돌을 쌓아 올렸는데, 기단 위에는 네 모서리마다 각각 사자상을 세웠습니다. 2구는 수사자고, 다른 2구는 암사자죠. (암사자를 물개로 혼동하기도 합니다) 목탑 양식의 영향으로 1층 네 면에는 각각 감실을 만들었고, 감실 입구를 인왕상이 지키고 있습니다.

1915년 일본인들이 해체, 수리할 때 발견된 사리장엄구가 국립경주박물관에 전시 중입니다.

국보 39호 경주 나원리 오층석탑

통일신라의 첫 번째 석탑은 국보 77호 의성 탑리 오층석탑입니다. 탑리 오층석탑은 지붕돌은 전탑, 몸돌은 목탑, 기단부는 석탑의 특징을 갖

고 있죠. 이를 승계하여 통일신라 석탑의 고유 양식으로 발전한 것이 국보 39호 경주 나원리 오층석탑입니다.

나원리 오층석탑은 탑의 빛깔이 아름다워서 '나원백탑'이라 부르기도 하죠.

신라 탑 중에는 드문 오층탑인데, 높이는 9.76m로 경주 지역에서는 감은사지와 고선사지 삼층석탑 다음으로 높습니

국보 39호 경주 나원리 오층석탑

다. 이 탑은 금당의 뒤쪽에 서 있었을 것으로 보고 있는데, 굉장히 드문 사례라고 합니다.

1996년 보수 중 3층 지붕돌 안에서 금동사리함과 높이 8.6cm~8.8cm 의 수직형 금동소탑 3점, 높이 10.6cm의 금동소탑 1점, 높이 4cm의 순 금 불상 1점 등이 발견되었으며, 현재 국립중앙박물관에 소장되어 있습 니다. 특히 수직형 금동소탑의 경우 황룡사 구층목탑을 본떠 만들었을 가능성이 높다고 합니다.

국보 112호 경주 감은사지 동, 서 삼층석탑

나원리 오층석탑의 새로운 석탑 양식은 감은사지 삼층석탑과 고선사 지 삼층석탑, 황복사지 삼층석탑 등 삼층석탑 양식으로 발전했습니다. 그중 국보 112호 경주 감은사지 동, 서 삼층석탑은 삼층석탑 중에는 가 장 크죠. 단순히 층수만으로 탑의 높이를 예측할 수는 없지만, 원각사지 십층석탑이 12m인데 비해, 감은사지 탑은 삼층임에도 불구하고 찰주까

국보 112호 경주 감은사지 동, 서 삼층석탑

지 포함하면 13m가 넘으니까요. 이 석탑의 가장 큰 특징은 기단과 탑신부가 하나의 돌로 깎아 만든 것이 아니라, 석재들을 조립하여 만들었다는 점입니다. 탑은 안정감과 상승감을 함께 갖추었을 때, 명품으로 인정받을 수 있습니다. 감은사지 삼층석탑 1, 2, 3층 몸돌의 폭은 4:3:2의 비율인 반면에, 높이는 4:2:2로 함으로써 사람의 눈높이에서 상승감을 느낄 수 있도록 착시를 이용하여 제작되었습니다.

1959년에는 서탑에서 청동 사리함(보물 366호)이 발굴되었고, 1996년에는 동탑에서 금동 사리함(보물 1359호)이 발견되었습니다.

한편 감은사는 삼국통일의 위업을 완수한 문무왕이 부처님의 힘으로 왜구를 물리칠 생각으로 짓기 시작했습니다. 그러나 문무왕은 절의 완성을 보지 못했고, 그의 아들 신문왕이 절을 완성(682년)하여 '감은사'라 이름 지었죠. 부왕의 은혜에 감사하는 마음을 담은 것입니다. 용이 된 아버지가 금당 밑으로 드나들 수 있도록 공간을 비어 놓기도 했고요.

또한 감은사는 평지에 있던 절이 산으로, 일탑일금당에서 쌍탑일금당으로 가람배치가 변하는 시초이기도 합니다.

국보 38호 경주 고선사지 삼층석탑
국보 37호 경주 황복사지 삼층석탑

국보 38호 고선사지 삼층석탑은 국립경주박물관 뒤뜰에 자리 잡고 있습니다. 고선사는 물론 고선사 터도 1975년 덕동댐 건설로 인해 물에 잠기면서 역사 속으로 사라졌거든요.

고선사지 삼층석탑은 감은사지 석탑처럼 조립을 했고, 높이는 약 9m로 찰주를 제외하면 감은사지 삼층석탑과 비슷한 규모입니다. 다만 3층의 몸돌은 하나의 돌로 이루어졌는데, 이는 사리장치를 넣고 찰주를 세우기 위한 것이죠.

국보 37호 황복사지 삼층석탑은 약 7.3m로 감은사지 삼층석탑이나 고선사지 삼층석탑에 비해 작습니다만 통일신라 삼층석탑의 전형적 모습을 보여줍니다. 두 탑과 달리 몸돌과 지붕돌은 각각 하나의 돌을 이용하여 만들었죠. 탑에서 발견된 금동사리함에 효소왕이 아버지 신문왕을 위해 효소왕 원년(692)에 세웠다는 내용이 나와 있어서 그 조성 연대가 확실한 탑입니다. 또한, 사리함과 함께 발굴된 금동여래좌상(국보 79호)과 금동여래입상(국보 80호)은 국보로 지정되어 현재 국립중앙박물관에 보관되어 있습니다. 황복사지 삼층석탑에서 이중기단, 3층의 탑신부, 낙수면의 지붕돌, 5단의 층급받침 등 통일신라 삼층석탑의 양식은 완성됩

국보 38호 경주 고선사지 삼층석탑

국보 37호 경주 황복사지 삼층석탑

니다. 그리고 앞서 설명한 석가탑에서 통일신라 삼층석탑 절정의 모습을 확인할 수 있습니다.

국보 40호 경주 정혜사지 십삼층석탑

통일신라 삼층석탑의 전형이 완성되는 가운데 다층탑과 이형탑(異型塔)도 등장합니다. 구례 화엄사 사사자 삼층석탑과 경주 불국사 다보탑과 함께 국보 40호 경주 정혜사지 십삼층석탑은 통일신라의 대표적 이형탑이죠.

기단부터 특이한 모습인데, 막돌을 두른 후 흙을 채우고 그 가운데 부분에 돌을 놓아 기단으로 삼았습니다. 탑신부는 1층은 면마다 기둥을 세우고 안쪽에는 작은 감실이 만들어져 있죠. 2층부터는 급격히 좁아지며 몸돌은 있는 듯 없는 듯 지붕돌이 연속으로 이어져 13층까지 올라갑니

국보 40호 경주 정혜사지 십삼층석탑

다. 북한 묘향산에 있는 보현사 8각 13층 석탑을 제외하면 층수는 가장 많지만 높이는 5.9m에 불과합니다. 파격적인 탑의 형태를 띠고 있지만 매우 안정적이고 세련된 모습입니다.

1911년 도굴꾼들이 상륜부와 위로부터 3층까지 들어냈을 때, 다행히 마을 주민들이 발견하여 피해를 줄일 수 있었습니다. 하지만 그 과정에서 제대로

복원을 하지 않아 상륜부는 없어지고 현재는 노반 부분만 남아 있습니다. 정혜사가 어떤 절이었는지 탑이 조성되었을 시기에 대한 기록은 없지만, 가까운 곳에 있는 옥산서원과의 인연은 알려져 있습니다.

조선의 대표적 유학자 중 한 명인 회재 이언적은 청년 시절 공부할 때와 정치에서 밀려났을 때 이곳 정혜사의 스님들과 함께 했고, 그가 죽은 뒤에 정혜사는 그를 기리는 옥산서원을 뒷바라지하는 절이 됩니다. 하지만 1834년 소실되면서 이렇게 석탑과 터만 남게 됩니다.

국보 236호 경주 장항리 서 오층석탑

경주 장항리의 오층석탑 중 동탑은 훼손이 심해 서탑만 국보 236호로 지정되었습니다. 원래 위치는 다른 절과 마찬가지로 금당 앞에 나란히 서 있었겠지만, 지금은 동탑과 서탑을 금당 터 옆으로 함께 세워두었죠. 1923년 도굴범 때문에 크게 훼손되었지만, 서탑은 비교적 제 모습을 찾을 수 있었습니다. 그에 비해 동탑은 몸돌 없이 지붕돌만 엉성하게 얹혀있는 형태입니다. 1층 몸돌에 새겨져 있는 인왕상 조각이 매우 뛰어나며, 통일신라의 유일한 오층 쌍탑입니다.

국보 236호 경주 장항리 서 오층석탑

신라인들은 왜 석굴사원을 만들었을까요?

국보 109호 군위 아미타여래삼존 석굴

석굴암은 인공 석굴입니다. 인도와 중국에는 석굴사원이 많은데, 우리나라에는 석굴사원이 흔하지 않습니다. 인도와 중국은 굴착이 쉬운 사암 지대에 사원을 많이 조성했는데요. 우리나라는 단단한 화강암 지대가 대부분이라서 석굴 조성이 쉽지 않았죠. 그런데, 석굴암에 앞서 조성된 석굴이 있습니다. 국보 109호 군위 아미타여래삼존 석굴인데요. 신라인들은 왜 그렇게 석굴사원을 만들고 싶었을까요? 군위 삼존 석굴에 대하여 가족과 함께 이야기를 나눠 보세요.

가족과 함께 이야기 나누고 싶은 질문들을 적어보세요

국립경주박물관

천년 신라의 수도였던 경주는 도시 전체가 하나의 문화유적이다. 2000년에는 시 전역을 문화재의 성격에 따라 남산 지구, 월성 지구, 대릉원 지구, 황룡사 지구, 산성 지구로 나누어 '경주 역사 유적 지구'라는 이름으로 세계문화유산에 등재했다. 경주는 국보 또한 많이 보유하고 있다. 서울을 제외하면 경주는 가장 많은 국보를 소장하고 있는 도시이기도 하다. 이러한 경주를 대표하는 박물관은 국립경주박물관이다. 30여 점의 경주 국보 중 10점을 국립경주박물관에서 만나 볼 수 있다.

서라벌은 도시전체가 문화유적지

경주의 옛 이름이 서라벌이었다는 것은 잘 아시죠? 국문학자 양주동은 '서울'의 어원을 '서라벌'에서 유추하기도 했는데요. 그럼 '경주'라는 도시 이름은 언제부터 썼을까요?

경주(慶州)는 '경사스러운 고을'이라는 뜻입니다. 후삼국 시대에 신라의 경순왕이 항복의 뜻을 전하자, 왕건은 경사스러운 소식을 전해주었다고 해서 '경주'라고 부르게 했죠.

또한 경북 안동(安東)은 '동쪽을 평안하게 했다'는 뜻인데, 고창 전투 (경북 안동시 와룡면)에서 지역 호족들의 도움을 받아 후백제를 물리친 후 왕건이 내린 이름입니다. 충남 천안(天安) 역시 왕건이 이름을 지었는데요. 후백제의 신검과 대치할 때 '천하를 평안하게' 할 목적으로 천안을 군사도시로 만들었죠. 이외에도 경북 문경과 울주, 경기도 이천 등의 지역명도 태조 왕건과 관련이 있습니다.

국보 188호 천마총 금관
국보 189호 천마총 관모
국보 190호 천마총 금제 허리띠
국보 207호 경주 천마총 장니 천마도

1970년대 초반 경주 관광 개발 계획이 마련되면서 대릉원의 가장 큰 고분인 98호분(황남대총)을 발굴하여 관광 자원으로 활용하기로 결정합니다. 하지만 대형 고분 발굴 경험이 없었던 발굴팀은 98호분 옆에 있는 155호분을 시험 삼아 먼저 발굴하기로 결정하는데, 여기서 어마어마한 유물들이 쏟아져 나옵니다. 그 155호분이 바로 천마총입니다.

국보 207호 경주 천마총 장니 천마도는 이 고분을 천마총이라 불리

국보 207호 경주 천마총 장니 천마도

게 한 주인공입니다. 가로 75cm, 세로 53cm, 두께 약 6mm의 직사각형 형태로 자작나무 껍질로 만들었습니다. 장니는 말다래라고도 하는데, 말이 달릴 때 말을 탄 사람에게 흙이 튀지 않도록 말의 안장 양쪽으로 늘어뜨리는 마구입니다.

천마도는 그 말다래에 그려져 있는데, 천마로 널리 알려져 있지만 또다른 상상 속 동물인 기린이라는 설도 있습니다.

국보 188호 천마총 금관은 높이 32.5cm, 지름 20cm로, 다른 신라 금관과 마찬가지로 앞쪽에는 '山'자 모양 장식을, 양옆에는 사슴뿔 모양 장식을 세웠습니다. 다만 '山'자 모양 장식이 4단으로 이루어져 있는 것이 특이하죠.

국보 189호 천마총 관모는 금 모자로 높이 16cm, 너비 19cm입니다. 위는 반원형이고 아래로 내려오면서 넓어지는데, 천으로 만든 모자를 쓰고 그 위에 덮어쓴 것으로 추정합니다. 국보 190호 천마총 금제 허리띠는 길이가 125cm이고, 띠드리개는 모두 13줄로 이루어져 있습니다.

국보 188호 천마총 금관

국보 87호 금관총 금관 및 금제 관식
국보 88호 금관총 금제 허리띠

일제강점기인 1921년에 경주 노서리에 있던 주막 증축 공사 과정에서 유물이 발견되면서 금관총은 베일을 벗게 됩니다. 고고학자에 의한 전문 발굴이 아니었기 때문에, 금관 등 4만여 점의 유물이 쏟아져 나왔지만 정확한 정보를 남기지 못했죠. 우리나라에서는 처음으로 금관이 출토되어 '금관총'이라 불리게 됩니다. 이후 일제는 신라 고분에 대한 관심을 갖고 금령총, 서봉총 등 대형 고분들을 발굴하게 되었죠.

국보 87호 금관총 금관은 높이 44.4cm, 머리띠 지름 19cm이고, 머리띠 앞면에 '山'자가 3단으로, 양옆에는 사슴뿔 모양의 장식이 꾸며져 있습니다. 신라 금관의 전형적인 형태를 보여주는 금관이죠. 국보 88호 금 허리띠와 띠드리개는 길이 109cm의 허리띠에 17줄의 띠드리개를 늘어뜨리고 있습니다.

국보 87호 금관총 금관

국보 88호 금관총 금제 허리띠

국보 191호 황남대총 북분 금관
국보 192호 황남대총 북분 금제 허리띠

국보 191호 황남대총북분 금관

황남대총은 1973년부터 1975년까지 당시 문화재관리국 문화재연구소에서 발굴했습니다. 황남대총은 남북으로 두 개의 무덤이 연달아 있는 쌍무덤으로, 남분이 북분보다 조금 먼저 조성되었다고 밝혀졌죠. 남분의 주인은 남자, 북분의 주인은 여자입니다. 왕(또는 신분이 높은 사람)이 먼저 죽어 무덤을 조성하고, 왕비 사후에 무덤을 잇대어 조성했을 것으로 보입니다.

국보 31호 경주 첨성대

국보가 차고 넘치는 경주에서도 랜드마크를 꼽자면 경주 시내에 있는 국보 31호 경주 첨성대를 들 수 있습니다. 첨성대는 높이 9.1m, 밑지름 4.93m, 윗지름 2.85m인데요. 동양 최고(最古)의 천문대로 알려졌지만, 그 건립 목적에 대해서는 여러 가지 설이 있습니다. 현대인의 시각에서 보자면 저 정도 높이에서 하늘을 바라보는 것이 어떤 의미가 있을지 고개를 갸웃하게 되는데요. 하지만 보물 951호 창성궁 관천대의 높이는 3m에 불과하니, 높이가 그리 중요한 건 아닐 수도 있겠죠?

첨성대에 대한 역사적 기록을 살펴보면,《삼국유사》〈선덕왕지기삼사조〉에 "〈별기〉에 이르기를, '이 임금(선덕여왕) 때에 돌을 다듬어서 첨성대를 쌓았다'고 했다"고 나옵니다. 그리고, 첨성대에 관한 몇 가지 기록이 여말선초에 보이고요. 조선 중종 때 출간한《신증동국여지승람》은 첨성대를 "속이 통해 있어서 사람이 오르내리면서 천문 관측을 한다"라고 소개합니다. 첨성대를 지은 목적이 천문 관측에 있음을 밝힌 최초의 문헌이지만, 건립 당시와 800여 년이라는 시간 차이가 있습니다. 첨성대가 천문대라는 명확한 증거로는 부족하죠.

첨성대의 역할과 관련해서는 1973년부터 1981년까지 세 차례에 걸쳐 대논쟁이 있었습니다. 첨성대가 제단의 역할을 했다는 가설도 있었고, 풍수지리적으로 황룡사 구층탑의 기운을 막으려고 세웠다는 주장도 있었습니다. 첨성대가 해시계 역할을 해서 그 그림자를 활용했을 거라고도 하고요. 첨성대의 모습이 마치 수미산과 비슷해서 불교의 우주관을 표현한 것이라고도 하고, 첨성대 꼭대기의 '우물 정(井)'자

국보 31호 경주 첨성대

모습이 신라인의 세계관을 보여준다고 주장하는 학자도 있었죠.

또한 천문 현상을 나라에서 체계적으로 관측하고 있다는 것을 백성들에게 보여주기 위한 정치적 목적이 있었다고도 했습니다. 고대국가의 왕들은 하늘의 뜻을 받아 백성들에게 군림한다고 생각했으니까요.

2010년에 있었던 4차 대토론회에서는 모든 학자가 첨성대는 별을 보는 곳이었다는 데 의견의 일치를 보았습니다. '볼 첨(瞻)', '별 성(星)', '돈대 대(臺)', 첨성대의 이름 그대로 '별을 바라보는 시설물'이라는 것이죠. 물론 오늘날의 기준에 비추어 봤을 때 얼마나 과학적인 천문대였는지에 대해서는 여러 견해가 있었고요.

어쨌든 첨성대는 신라인들의 천문 지식이 어느 정도였는지를 잘 보여줍니다. 첨성대는 사각형의 2중 기단 위에 27단을 쌓아 올렸는데, 13단과 15단 중간에 네모난 창을 내었습니다. 창에는 사다리를 걸친 흔적이 남아 있어, 이곳을 통해 위쪽으로 올라갔을 것으로 보이고요. 원주형 27단과 우물정 모양의 돌까지 합치면 기본 별자리 28수를 나타내고, 중간 창 위아래의 석단은 12달, 24절기를 상징합니다. 첨성대를 쌓은 돌의 개수 361개 반은 음력으로 따진 일 년의 날수와 같고요. 가운데 난 창은 정남향을 하고 있고, 맨 위의 우물정 모양의 석단도 정확히 동서남북을 가리키고 있습니다.

신라 고분의 이름은 어떻게 정했을까요?

앞서 살펴본 금관총, 천마총, 황남대총을 포함해서 경주에는 모두 155기의 신라 고분이 있습니다. 1925년에 조선총독부는 〈경주읍 남(南) 고분 분포도〉를 만들어 각 고분에 일련번호를 붙였는데, 지금까지 그 번호를 사용하고 있죠. 발굴 전에 금관총은 128호, 천마총은 155호, 황남대총은 황남동 98호분이었습니다.

그럼 고분들의 이름은 어떻게 정할까요? 위 고분들의 이름을 보면 모두 '총(塚)'으로 끝납니다. 무덤의 주인이 누구인지 알 수 없으나 특별한 유물이 출토되었을 때 '총'이라 이름 붙이죠. 그러니까 금관총의 대표 유물은 금관, 천마총의 대표 유물은 천마도라는 것을 알 수 있습니다. 황남대총은 신라 고분 중 규모가 가장 크고 황남동에 위치하고 있어 황남대총이라 불렀고요.

'총' 외에도 무덤을 부를 때는 '~룽', '~원', '~분' 등으로 구분합니다.

'릉'은 태조 이성계의 무덤인 건원릉처럼 왕이나 왕비의 무덤을 가리킵니다. '원'은 세자, 세자비의 무덤에 쓰는데, 사도세자는 죽어서 '현륭원'에 묻혔지만, 후에 장조로 추존되면서 이름이 융릉으로 바뀌죠.

또한 왕 부모의 무덤에도 '원'을 사용하는데, 대체로 왕의 부모는 왕과 왕비이기 때문에 '능'을 쓰지만, 흥선대원군처럼 자신은 왕위에 있지 않았던 왕의 아버지나 왕을 생산한 후궁이 이에 해당합니다. 마지막으로 '분'은 주인도 모르고 뚜렷한 유물도 없을 때 사용합니다.

다시 신라의 고분 이야기로 돌아갈까요? 나라를 완전히 빼앗은 일제는 1910년대에 100호분 무덤을 발굴했습니다. 왕릉급 규모를 보고 많은 유물을 출토할 수 있으리라 기대했기 때문이죠. 하지만 출토 과정에서 검과 창 몇 자루 외에는 이렇다 할 유물이 나오지 않아 '검총(劍塚)'이라 이름 짓고 발굴을 끝냅니다. 이는 신라 고분의 내부 구조를 잘 몰라서 일어난 일인데요. 신라 고분 중 돌무지덧널무덤은 땅을 판 후 나무곽을 둘러 널방을 만들어 시신과 부장품을 묻은 다음, 그 위에 돌무지를 쌓고, 다시 그 위에 흙을 덮어 봉분을 만듭니다. 일제는 검총의 봉분만 파보고 다시 덮었던 것이죠. 상대적으로 신라의 고분들이 도굴 피해를 적게 본

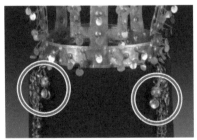

경주 금령총 금관

경주 서봉총 금관

이유이기도 합니다.

1921년의 금관총 발굴을 계기로 일제는 더 많은 고분을 발굴합니다. 1924년에 금령총과 식리총이, 1926년에는 서봉총이 발굴되었는데요. 금령총에서는 국보 91호 도기 기마인물형 명기가 발굴되었지만, 금관에 특별한 금방울 장식이 있어 금령총이라 불렀습니다. 식리총에서는 장례에 쓰는 장식용 신발을 뜻하는 '식리(飾履)'가 출토되었습니다.

경주 식리총 금동신발

서봉총에서는 세 마리 봉황 조각이 있는 금관이 발굴되었는데, 발굴 당시 스웨덴의 황태자 구스타프 아돌프 6세가 발굴 현장을 찾은 것을 기념하여 스웨덴의 한자 표기인 서전(瑞典)에서 '서'를 따고, 봉황 조각에서 '봉'을 따서 서봉총이라 불렀습니다.

이외에도 일제는 부부총, 완총, 금환총 등을 발굴했죠.

광복 후 1946년에 우리가 직접 처음으로 발굴한 신라 고분은 호우총입니다. '광개토대왕 호우'라는 명문이 있는 유물이 발굴되어 호우총이라 불렀고, 고구려와 신라의 대외 관계가 어땠는지 증명해주죠. 1970년대에는 천마총과 황남대총을 이어서 발굴했고요.

경주 호우총 출토 청동 '광개토대왕'명 호우

신라 금관을 감상해볼까요?

금관총, 천마총, 황남대총에서 발굴한 금관 외에도 3개의 신라 금관이 더 있습니다. 출토지가 불명확한 교동 금관과 각각 보물로 지정된 서봉총 금관과 금령총 금관인데요. 5세기 초에서 6세기로 넘어가는 금관 양식의 변화를 잘 보여줍니다. 가족들과 함께 신라 금관에 대해 이야기를 나눠 보세요.

(예) 1. 신라에는 왜 금으로 만든 유물이 많을까?
    2. 금관 조각의 무늬는 무엇을 의미할까?
    3. 왕 또는 왕비, 귀족 등이 실제로 사용했던 금관일까?

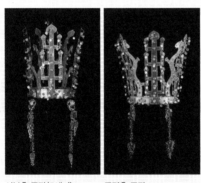

서봉총 금관(5세기)   금령총 금관

가족과 함께 이야기 나누고 싶은 질문들을 적어보세요

영주 부석사 · 소수서원

부석사는 창건 이후 화엄 사상의 종찰 역할을 했고, 신라 하대에는 선종 여러 종파의 종조인 혜철, 무염, 도헌, 절중 스님 등이 수학했다. 고려 시대에는 원융대덕이 주석하면서 대장경을 찍었고, 진각국사 원응이 무량수전과 조사당을 중건했다. 조선 시대에도 여러 차례 전각들을 보수하고 중수했으며, 1916년 무량수전과 조사당을 해체 수리한다. 부석사는 2018년 6월 '산사, 한국의 산지승원'이라는 명칭으로 유네스코 세계문화유산에 등재되었다.

소수서원은 우리나라 최초의 서원이다. 소수서원은 1541년(중종 36) 7월에 풍기군수로 부임한 주세붕이 1543년 8월 이곳 출신의 성리학자인 안향을 배향하는 사당을 설립하여 안향의 영정을 봉안하고, 사당 동쪽에 백운동서원을 같은 해에 설립한 데서 비롯되었다.

화엄 사상의 종찰, 영주 부석사

영주 부석사(浮石寺)는 의상대사가 676년에 창건했습니다. 의상대사와 선묘 아가씨의 아름다운 사랑 이야기가 전해지는 절이죠. 당나라로 유학을 간 의상대사는 어느 신도의 집에 머무르게 되는데, 그 집 딸인 선묘가 의상대사를 사모합니다. 선묘의 마음을 받아줄 수 없었던 의상은 화엄종의 2조인 지엄 스님 밑에서 화엄학을 공부합니다.

의상대사는 670년에 당나라가 신라를 공격한다는 소식을 듣고 귀국합니다. 이때 선묘는 용으로 변해 의상대사가 탄 배를 호위하죠. 선묘는 신라에 도착한 후에도 줄곧 의상대사를 지킵니다. 의상이 영주 봉황산에 이르러 절을 창건하려고 할 때, 도둑 500여 명이 무리를 지어 살고 있었는데, 선묘가 거대한 바위를 띄워 이 도둑들을 몰아냈습니다. 그래서 절 이름이 부석사가 되었고, 지금도 무량수전 뒤편에 전설의 '부석(浮石)'이 남아 있습니다.

국보 18호 영주 부석사 무량수전

국보 18호 무량수전은 영주 부석사를 대표하는 건물입니다. 팔작지붕의 주심포집으로 정면 5칸, 측면 3칸의 건물이고요. 1916년 해체 수리때 나온 묵서에 의하면 1376년에 원융국사가 고쳐 지었는데, 본래 있던 건물은 이보다 100년~150년 앞서 지어졌을 것으로 추정합니다. 그래서 1363년에 중수한 안동 봉정사 극락전(국보 15호)과 함께 가장 오래된 건축물로 인정받죠.

'무량수전'의 현판은 고려 공민왕의 글씨이며, 서방극락 세계를 관장하는 아미타불을 모시고 있습니다. 아미타불은 끝없는 지혜와 무한한 생명을 지닌 분이라 하여 '무량수불'이라고도 하기 때문에, 그 전각 이름이 무량수전이 된 것이죠.

무량수전은 건축사적인 의미뿐만 아니라 건축적 특징으로도 인정받

국보 18호 영주 부석사 무량수전

고 있습니다. 배흘림, 귀솟음, 안허리곡 같은 건축 수법을 통해 아름다운 자태를 뽐내고 있죠. 배흘림은 기둥의 아래쪽 1/3 지점을 가장 불룩하게 하여 배가 불러 보이게 하는 것이고, 귀솟음은 건물 모서리 기둥을 중앙보다 좀 더 높인 것입니다. 안허리곡은 가운데보다 귀부분의 처마 끝을 더 튀어나오게 하는 것인데, 이러한 수법들을 통해 사람들의 착시를 보정하여 시각적 안정감을 주고 처마 선이 아름다운 곡선을 그리도록 해줍니다.

부석사 무량수전 앞에서 바라보는 장쾌한 경치는 이루 말할 수 없이 아름다운데요. 부석사 무량수전은 최순우의 《무량수전 배흘림기둥에 기대서서》라는 책 때문에 더 유명해졌습니다.

"무량수전은 고려 중기의 건축이지만 우리 민족이 보존해온 목조 건축 중에서는 가장 아름답고 가장 오래된 건물임에 틀림없다. 기둥 높이와 굵기, 사뿐히 고개를 든 지붕 추녀의 곡선과 그 기둥이 주는 조화, 간결하면서도 역학적이며 기능에 충실한 주심포의 아름다움, 이것은 꼭 갖출 것만을 갖춘 필요미이며, 문창살 하나 문지방 하나에도 나타나 있는 비례의 상쾌함이 이를 데가 없다. 멀찍이서 바라봐도 가까이서 쓰다듬어 봐도 너그러운 자태이며 근시안적인 신경질이나 거드름이 없다."

국보 45호 영주 부석사 소조여래좌상

국보 45호는 영주 부석사 무량수전 안에 모셔져 있는 소조 불상으로 높이가 2.78m입니다. 소조 기법은 나무로 만든 골격에 진흙을 덧붙여 만드는 것인데, 영주 부석사 소조여래좌상은 우리나라 소조 불상 중 가장 크고 오래된 것입니다.

무량수전은 소백산맥이 멀리 장쾌하게 내다보이는 곳에 남향으로 자리 잡고 있는데, 이 불상은 동향을 하고 있다는 점이 특이합니다. 이는 서방 극락세계의 아미타불이 동쪽을 바라보고 있는 모습을 나타낸 것이죠.

영주 부석사 소조여래좌상의 오른손 수인은 항

국보 45호 영주 부석사 소조여래좌상

마촉지인이며, 이는 보통 석가모니불에서 나타납니다.

하지만 조선 시대에 파손된 두 손을 보수했다는 구전이 있고, 아미타불을 위한 무량수전에 모셔져 있으며, 부석사 경내에 있는 원융국사비(1054)에 아미타불을 조성했다는 기록이 있기 때문에 아미타불로 추정합니다.

커다란 육계, 풍만한 얼굴, 길고 가늘게 올라간 눈초리, 두터운 입술 등 위엄 있는 고려 불상의 특징을 보여주는데, 고려 불상 중에는 상당히 정교한 솜씨를 자랑하는 작품입니다. 또한 불상 뒤에 나무로 만든 두광과 신광의 광배가 조성되어 있으며, 두광에 3구, 신광에 4구의 화불을 부착했었던 흔적이 남아 있습니다. 광배 안의 당초문이나 광배 밖으로 타오르는 불꽃무늬도 고려 시대 불교 미술의 특징을 보여주는 것이죠.

국보 17호 영주 부석사 무량수전 앞 석등

부석사 무량수전을 향해 안양루 아래 계단을 오르면, 무량수전 앞에 우뚝 선 석등을 먼저 만납니다. 무량수전을 배경으로 석등을 먼저 본 후에 시선이 무량수전으로 자연스럽게 옮겨지는데, 이는 석등이 무량수전 정면축에서 살짝 서쪽으로 비껴 서있기 때문입니다.

국보 17호 영주 부석사 무량수전 앞 석등은 높이가 2.97m이고, 통일 신라 시대의 팔각석등을 대표하는 작품입니다. 4매로 짠 지복석 위에는 각면에 2개씩 안상을 새긴 지대석을 올렸고, 지대석 위로 복련 모양을 새긴 팔각의 하대석을 두었습니다. 그 위로 팔각 간주석을 세우고, 앙련의 상대석을 놓았죠.

상대석 위로 있는 팔각 화사석에는 4면에 화창을 두고, 그 사이마다 공양보살상을 1구씩 새겼습니다. 지붕돌도 8각이며 모서리 끝을 가볍게 솟아오르게 표현했고, 상륜부에 보주대가 남아 있습니다. 석등 앞에는 석등과 어울리는 연꽃 모양의 배례석을 두었으며, 석등 아래쪽으로 배수구 시설도 확인할 수 있습니다.

국보 17호 영주 부석사 무량수전 앞 석등

국보 19호 영주 부석사 조사당

국보 19호 영주 부석사 조사당은 부석사를 창건한 의상대사를 모신 곳입니다. 절을 창건하거나 종파를 연 고승을 모시는 것은 선종의 신앙 방식인데, 이는 의상대사가 펼치려던 화엄 신앙과는 거리가 좀 있죠. 그래서 조사당은 창건 당시가 아니라 선종이 자리를 잡은 9세기 때 처음 지은 것으로 보고 있습니다.

부석사 조사당은 정면 3칸 측면 1칸의 작은 전각이며, 맞배지붕의 주심포 양식입니다. 공포의 형식이 고려 말 조선 초의 건축 양식을 보여주는데, 비슷한 시기에 지어진 안동 봉정사 극락전(국보 15호)과 영암 도갑사 해탈문(국보 50호)에 비해 장식이 절제되어 있습니다. 1916년 해체 수리시에 발견된 글에 의하면 고려 말인 1377년에 원응국사가 부석사를 중창하면서 다시 세운 것이죠.

조사당은 1985년에 벽화를 모사하여 복원했고, 1996년에 서까래와 기와를 교체했으며, 2005년에는 도리 등 부식된 목재와 기와를 교체했습니다. 내부에 있는 의상대사상과 일대기를 그린 탱화도 후대에 조성한 것이고요. 조사당 앞 처마 밑에는 의상대사가 사용하던 지팡이를 땅에 꽂았더니 자라났다는 이야기가 담긴 선비화(학명 골담초)가 있습니다.

국보 19호 영주 부석사 조사당

국보 46호 영주 부석사 조사당 벽화

국보 46호 영주 부석사 조사당 벽화는 범천, 제석천, 그리고 사천왕을 그린 6폭의 벽화입니다.(자료에 따라 범천과 제석천을 보살상으로 보기도 합니다)

1916년 조사당의 해체 수리 때 떼어내, 무량수전에 안에 보관했다가 현재는 부석사 성보박물관에 전시 중입니다.

1916년 해체 시에 발견된 묵서에 의하면 조사당을 1377년에 원응대사가 중창했다고 하는데, 벽화 역시 이때 그려졌을 거라고 추정합니다.(13세기의 작품으로 보는 견해도 있습니다)

원래의 벽화 위치는 조사당 입구부터 사천왕, 범천, 제석천의 순서였으며, 조사당의 주인공인 의상대사를 수호하는 역할을 합니다. 6폭 벽화 각각의 크기는 가로 75cm, 세로 205cm이며, 우리나라 절에 있는 벽화 중에서는 가장 오래된 것입니다.

국보 46호 영주 부석사 조사당 벽화

최초의 사액서원 소수서원

회헌 안향(1243~1306)은 우리나라 최초의 주자학자로 불립니다. 1289년 안향은 당시 세자였던 충선왕을 수행하여 원나라 연경에 갔다가 주자의 저서를 필사하고 공자의 초상을 모사하여 1290년(충렬왕 16)에 돌아오거든요. 이 1290년을 우리나라 주자학의 시작으로 보는 거죠. 이후 성리학은 백이정, 권보, 우탁, 이제현 등으로 이어지다가 여말선초의 신진사대부에 의해 조선의 정치 이념이 됩니다. 《고려사》〈열전〉은 안향을 이렇게 평했습니다.

"사람됨이 장중하고 조용하면서 착실하여 많은 이들이 존경했다. 계획을 잘 세우고 판단력도 뛰어나 동료들이 그를 순순히 따랐다. 늘 인재 양성과 학문 부흥을 자신의 중대한 임무로 여겼다. 손님 대접을 좋아하고 남에게 자기 것을 내어주기를 좋아했다. 문장은 맑으면서도 힘이 있었고 사람을 판단하는 능력도 뛰어났다."

이런 안향을 흠모하는 사람이 있었으니, 그가 바로 백운동서원을 세운 주세붕입니다. 풍기군수 주세붕은 1542년(중종 37)에 안향을 위한 사묘(祠廟)를 세우고, 이듬해에 풍기군 학사를 옮겨 백운동서원을 완성합니다. 이후 1550년(명종 5)에는 퇴계 이황이 풍기군수로 부임하여 왕으로부터 친필 편액을 내려받으면서, 조선 최초의 사액서원인 '소수서원'이 되죠. 소수서원은 흥선대원군의 서원 철폐 때도 살아남은 47개 서원 중 하나입니다.

국보 111호 안향 초상

국보 111호 안향 초상

국보 111호 안향 초상은 가로 29cm, 세로 37cm이며 비단 바탕에 그린 초상화입니다. 상단에는 아들 안우기가 지은 찬문이 쓰여 있고, 하단에는 홍포에 낮은 평정건을 쓰고 있는 안향 초상 상반신이 그려져 있습니다.

지금까지 전해지는 초상화는 1318년(충숙왕 5)에 공자 문묘에 모실 목적으로 그린 초상화의 모사본을 1559년(명종 14)에 화원 이불해가 다시 그린 것으로 알려져 있습니다. 비록 조선 시대에 그려진 초상화이지만, 고려 시대 초상화 양식을 알 수 있는 소중한 작품입니다.

국보로 지정된 석등에는 어떤 것들이 있을까요?

　석가모니는 입적하면서 마지막으로 "너희들은 저마다 자기 자신을 등불로 삼고 자기를 의지하라. 또한 진리를 등불로 삼고 진리를 의지하라. 이밖에 다른 것에 의지해서는 안 된다"고 당부했습니다. 우리나라 어느 절에 가더라도 이 같은 부처님 말씀을 밝히는 석등을 만날 수 있는데요. 중국이나 일본은 나무나 청동으로 등을 만들었는데, 우리나라는 예부터 석등을 많이 만들었습니다.

　익산 미륵사지나 부여 가탑리 폐사지에서 발굴된 석등 파편을 보면 삼국시대부터 석등을 만들었음을 알 수 있죠. 지금까지 전해지는 석등 중에 국보로 지정된 문화재는 5점이고, 모두 통일신라 때 만들어진 유물입니다.

　석등은 크게 다섯 부분으로 나눌 수 있습니다. 하대석, 중대석(간주석), 상대석, 화사석, 지붕돌인데요. 하대석은 보통 연꽃을 엎어놓은 복련 모양으로 표현하고 상대석은 연꽃이 위로 향한 앙련 형태입니다. 하대석과 상대석 사이에서 기둥 역할을 하는 간주석은 팔각기둥 모양이 기본이고, 장구 모양의 고복형(鼓腹形)이나 쌍사자 모양으로 조각하기도 했습니다. 불을 밝히는 화사석은 팔각형 중 네 면에 화창을 설치하는 것이 보통이고, 그 사이에는 사천왕상 등을 조각하기도 했습니다.

고려 시대로 넘어가면서는 육각이나 사각의 화사석도 유행했죠. 지붕돌 위에는 보주를 얹는 것이 일반적이고요.

국보 44호 장흥 보림사 석등은 부석사 무량수전 앞 석등과 같이 팔각기둥 간주석이지만, 부석사 석등에 비해 상륜부가 더 화려하게 표현되어 있습니다. 보림사 석등은 좌우의 석탑과 함께 국보로 지정된 점이 특

국보 44호 장흥 보림사 석등

국보 12호 구례 화엄사 각황전 앞 석등

이하죠. 국보 12호 구례 화엄사 각황전 앞 석등은 높이가 6.4m로 우리나라에서 가장 큰 석등입니다. 장흥 보림사 석등과 나란히 사진을 배치했지만, 크기는 화엄사 석등이 3.12m인 보림사 석등의 두 배가 넘습니다. 바로 뒤에 있는 거대한 규모의 화엄사 각황전에 어울리는 석등이라 할 수 있죠. 큰 화사석과 지붕돌을 받치기 위한 것인지는 몰라도 화엄사 석등은 두터운 고복형의 간주석을 갖추고 있습니다.

국보 5호와 103호는 쌍사자 석등입니다. 간주석을 두 마리의 사자가 서로 가슴을 맞대고 마주 서서 화사석을 받치는 형태로 조각했죠. 사자는 신성한 동물로서 동아시아 불교 조각에 많이 활용되는데, 쌍사자 석등은 우리나라에만 있습니다.

국보 5호 보은 법주사 쌍사자 석등

국보 103호 광양 중흥산성 쌍사자 석등

부석사 무량수전, 봉정사 극락전, 수덕사 대웅전을 비교해볼까요?

우리나라에서 가장 오래된 목조 건축물은 무엇일까요? 목조 건축물은 석탑, 석등, 승탑 등 돌로 만들어진 문화재에 비해 화재에 취약합니다. 그러다 보니 전란 등을 거치며 소실된 것들이 많죠. 안동 봉정사 극락전과 예산 수덕사 대웅전은 가장 오래된 목조 건축물을 이야기할 때 영주 부석사 무량수전과 함께 자주 언급됩니다. 세 문화재 모두 고려 시대에 지어졌는데요. 어떤 건축물이 가장 오래되었을까요?

국보 15호 안동 봉정사 극락전

국보 49호 예산 수덕사 대웅전

예산 수덕사 대웅전은 1937년 해체 수리 때 "1308년 4월 17일 기둥을 세우다"라는 묵서명이 발견되었습니다. 건립 연대가 명확히 밝혀진 건물 중에 가장 오래된 것이죠. 안동 봉정사 대웅전은 1971년 해체 수리 때 "공민왕 12년(1363)에 축담선사가 다시 중수했다"는 기문이 발견되었습니다. 영주 부석사 무량수전은 1916년 해체 중수 때 1376년에 중건했다는 묵서명이 발견되었고요. 보통 목조건축은 100년~150년마다 중수했으므로 봉정사 대웅전과 부석사 무량수전은 대체로 13세기에 지어진 것으로 보고 있습니다. 봉정사 대웅전이 부석사 무량수전보다 13년 정도 먼저 중수되기도 했지만, 이보다는 봉정사 극락전의 건축 기법이 부석사 무량수전보다 더 오래되었기 때문에, 봉정사 극락전이 가장 오래된 목조건축으로 인정받고 있습니다. 가족과 함께 고려의 목조건축물에 대해 이야기를 나눠보세요.

가족과 함께 이야기 나누고 싶은 질문들을 적어보세요

창녕 신라 진흥왕 척경비

신라 진흥왕은 영토를 확장하면서 진출 방향에 따라 비석을 남겼다. 남한에는 북한산 신라 진흥왕 순수비, 단양 신라 적성비, 창녕 신라 진흥왕 척경비가 남아 있고 모두 국보로 지정되었다. 창녕 신라 진흥왕 척경비는 본디 창녕군 창녕읍 화왕산 기슭에 있던 것을 1924년에 지금의 창녕읍 교상리로 옮겼다. 진흥왕 22년(561)에 세운 것으로 추정되며, 비문은 해서체로 되어 있다. 북한에는 황초령 진흥왕 순수비, 마운령 진흥왕 순수비가 남아 있는데, 이들 역시 북한의 국보이다.

국보 33호 창녕 신라 진흥왕 척경비

국보 33호 창녕 신라 진흥왕 척경비는 창녕순수비로도 불립니다. 다른 진흥왕 순수비에 나타나는 '순수관경(巡狩管境)'이라는 말은 없지만, 비문의 내용이 사실상 진흥왕의 순수를 보여주기 때문이죠.

비문의 내용은 크게 세 가지로 나눌 수 있는데, 먼저 신라가 창녕의 비사벌국을 점령해 영토를 넓혔다는 사실을 기록했습니다. 두 번째는 진흥왕이 내외 고관들을 대상으로 왕의 통치 이념과 포부를 밝히는 내용이고, 마지막으로 진흥왕의 행차에 함께 한 신하들의 이름과 직책, 출신지 등이 새겨져 있습니다.

창녕순수비는 따로 받침돌과 지붕돌이 없이 몸돌로만 이루어져 있는데, 돌의 크기는 높이 178cm, 폭 175cm, 두께 약 30cm입니다. 새겨진 글자는 모두 27줄 643자로 그중 400자 정도가 판독되었는데, 비문의 첫 부분에 있는 '辛巳年二月一日立(신사년 2월 1일 세움)'이 561년(진흥왕 22)에 비를 세웠음을 말해줍니다.

창녕순수비는 원래 창녕읍 목마산성 서쪽 기슭에 있었는데, 비 옆에 성황당과 고분군이 함께 있었다고 합니다. 1914년 조선총독부의 위촉을 받은 도리이가 창녕 고적을 조사하다가 신라 비석임을 확인하면서 알려졌고요. 창녕순수비는 진흥왕 대에 신라가 창녕을 가야 진출의 교두보로 삼았다는 것을 보여줍니다.

국보 33호 창녕 신라 진흥왕 척경비

북한산 진흥왕 순수비를 해석한 사람은 누구일까요?

진흥왕과 관련된 비석으로 발견된 것은 현재까지 모두 5기인데, 그 중 순수비가 4기, 적성비가 1기입니다. 순수비는 진흥왕이 영토를 개척하고 국경 지역을 방문(순수)하면서 세운 비석으로, 창녕비, 북한산비, 황초령비, 마운령비가 있습니다. 단양적성비는 고구려 영토였던 당시 적성 지방을 신라가 차지하면서 그곳 백성들의 민심을 안정시키고자 세운 비석이죠.

대체적으로 삼국시대 각 나라의 전성기를 알아보려면, 한강 유역을 어느 나라가 차지했는가를 살펴봐야 합니다. 4세기 근초고왕 때가 백제의 전성기이고, 5세기 광개토대왕, 장수왕 때가 고구려의 전성기입니다. 6세기에 들어서 신라 진흥왕 때 한강 유역을 차지하고 삼국통일의 기틀을 마련하게 되죠.

조금 더 자세히 살펴보면, 고구려 장수왕의 남하 정책으로 백제 개로

왕이 죽고, 백제는 수도를 한성에서 웅진(공주)으로 옮깁니다. 그 후 백제 성왕은 수도를 웅진에서 사비(부여)로 다시 옮기며, 신라와 손잡고(나제동맹) 고구려 세력을 북쪽으로 몰아내려고 합니다. 이때 신라의 왕이 진흥왕인데요. 성왕과 함께 고구려를 북쪽으로 물리친 진흥왕은 백제마저 공격하고, 성왕은 신라 관산성을 노리지만 실패해 죽게 되면서 신라가 한강 유역을 차지합니다.

국보 3호 서울 북한산 신라 진흥왕 순수비

조선 후기에 북한산 진흥왕 순수비는 무학대사비로 잘못 알려져 있었습니다. 무학대사가 조선의 도읍 터를 찾기 위해 북한산 비봉에 올랐을 때 '무학이 잘못 찾아와 이 비에 이르렀다'고 비에 쓰여 있는 것을 보고 놀라서 산을 내려갔다는 이야기가 전설처럼 전해지고 있었죠. 비문을 해석하여 북한산 순수비가 진흥왕의 순수비라고 밝힌 것은 추사 김정희입니다.

"이것은 신라 진흥대왕 순수비이다. 병자년 7월 김정희, 김경연이 오다. 정축년 6월 8일 김정희, 조인영이 함께 와서 남아 있는 글자 68개를 면밀히 살펴보았다."

북한산 순수비의 측면에는 위와 같은 내용이 새겨져 있습니다. 1816 년에 김정희는 친구 김경연과 함께 1차 답사를 마치고, 이듬해 더 정밀한 조사를 위해 조인영과 함께 비문을 탁본했습니다. 연구를 거듭한 김정희는 이 비가 진흥왕의 순수비라는 것을 알아내고, 그 과정을 다음과 같이 친구 조인영에게 편지를 보내 알립니다.

"재차 비봉의 옛 비를 가져다가 반복하여 자세히 훑어보니 제1행 진흥태왕 아래 두 글자를 처음에는 구년(九年)으로 보았는데 구년이 아니고 바로 순수(巡狩) 두 글자였습니다. 또 그 아래 신(臣) 자 같이 생긴 것은 신 자가 아니고 바로 관(管) 자였습니다. 그리고 관 자 밑에 희미하게 보인 것은 바로 경(境) 자이니, 이것을 전부 통합해보면 곧 진흥태왕순수관경(眞興太王巡狩管境) 여덟 사가 됩니다. 이 예는 이미 함흥 초방원의 북순비에 있습니다."

한편 황초령비도 김정희와 인연이 있는데요. 1832년 친구 권돈인이 함경도 관찰사로 부임하자, 김정희는 권돈인에게 황초령비의 파편을 찾도록 권유하여 비의 하단 부분을 찾았습니다. 김정희는 북한산비와 황초령비의 내용을 분석하여 〈진흥이비고(眞興二碑考)〉라는 글을 남기기도 했죠.

이후 김정희의 후배 윤정현이 함경도 관찰사로 있을 때 황초령비를 원래 자리로 옮기면서, 김정희가 쓴 '진흥북수고경'이라는 현판을 걸고 비각을 세워 황초령비를 두었습니다.

단양 신라 적성비는 왜 순수비가 아닐까요?

단양을 비롯한 남한강 유역은 남하하는 고구려와 북진하는 신라가 부딪치는 곳이었습니다. 지역 곳곳에 산성들이 여럿 남아 있는데, 1978년에 한 성터에서 단양 신라 적성비가 발견되면서 '적성'의 이름과 성격이 밝혀졌죠. 단양 지역은 고구려의 적성현이었으며, 신라가 차지한 이후에도 적성이라 불렀습니다.

국보 198호 단양 신라 적성비는 이 지역을 차지한 진흥왕이 새로운 점령지의 민심을 안정시키고 새 영토에 대한 국가시책을 알리기 위해 세웠습니다. 비문은 모두 430자 가량으로 보이지만, 지금 해독이 가능한 것은 284자입니다. 그 내용은 진흥왕이 이사부, 이간, 무력, 거칠부 등 10명의 고관에게 적성 사람인 야이차의 공을 표창하도록 하고, 이후에도 야이차처럼 신라를 위해 공을 세우는 이에게 똑같이 포상한다는 것입니다.

진흥왕은 영토를 넓히고 점령지를 돌아본 후 진흥왕 순수비(북한산, 창녕, 마운령, 황초령)를 세웠습니다. 그중 창녕순수비의 건립 시기가 561년(진흥왕 22)으로 가장 빠른데, 단양 적성비는 창녕순수비보다 최소한 10여 년

국보 198호 단양 신라 적성비

앞선 것으로 순수비의 선구적 형태라고 볼 수 있죠. 단양 적성비에는 진흥왕이 순수(巡狩)했다는 내용이 없어서 '적성에 세운 비'라는 뜻으로 적성비라고 부릅니다.

단양 신라 적성비는 높이가 93cm, 윗너비 107cm, 아랫너비 53cm이며, 545년(진흥왕 6)에서 550년(진흥왕 11) 사이에 세워진 것으로 추정합니다. 당시 적성 지방의 역사적 상황과 비문에 나오는 인물들을 분석해서 건립 시기를 짐작했는데요. 신라의 북진 과정을 보면 505년(지증왕 6)에 삼척에 '실직주'를 설치했고, 512년에는 이사부가 강릉의 하슬라주의 군주가 되어 영토를 확장합니다. 525년에는 상주, 청주, 진천 지방으로 진출했고, 550년 백제와 고구려의 도살성(천안)과 금현성(전의)을 빼앗았으므로, 최소한 550년 이전에는 신라가 단양 지역을 차지했을 것으로 보는 것이 타당합니다.

비문에 나오는 10명의 고관 중 무력(김유신의 할아버지)은 553년에 대아간이었고, 561년에 세운 창녕순수비에는 잡찬으로 나옵니다. 그러므로 아간 이하의 직책을 가진 것으로 기록되어 있는 단양 적성비는 최소한 553년 이전에 세워진 것으로 봐야 하죠.

또한 거칠부의 경우를 보면, 《삼국사기》에는 진흥왕이 545년에 대아간 거칠부 등에게 《국사》를 편찬하도록 명했습니다. 거칠부는 《국사》를 편찬, 완성했을 때는 대아간이었고, 완성 후에는 파진찬이 되었죠. 그러므로 단양 적성비의 명문과 비교하면 적성비 건립의 상한은 늦어도 545년 거칠부가 대아간의 자리에 있을 때로 볼 수 있고요.

신라의 영토 확장에 대해 이야기를 나눠 볼까요?

단양 신라 적성비는 545년에서 550년 사이에 세운 것으로 추정합니다. 북한산 신라 진흥왕 순수비는 555년, 창녕 신라 진흥왕 척경비는 561년, 황초령 진흥왕 순수비와 마운령 진흥왕 순수비는 568년에 각각 건립되었죠. 진흥왕 시대의 비석들이 세워진 순서에 따라 신라가 어떻게 영토를 확장해 나갔는지 가족과 함께 이야기를 나눠 보세요.

가족과 함께 이야기 나누고 싶은 질문들을 적어보세요

합천 해인사

해인사는 의상(義湘)의 화엄10찰 중 하나이고, 팔만대장경판을 봉안한 법보사찰이며, 대한불교조계종의 종합 수도도량이다. 이 절은 신라 애장왕 때 순응과 이정이 창건하였다. 신림의 제자 순응은 766년(혜공왕 2) 중국으로 구도의 길을 떠났다가 수년 뒤 귀국하여 가야산에서 정진하였으며, 802년(애장왕 3) 해인사 창건에 착수하였다. 이 소식을 전해 들은 성목태후가 불사를 도와 전지 2,500결을 하사하였다. 순응이 갑자기 죽자 이정이 그의 뒤를 이어 절을 완성하였다.

법보사찰 해인사

합천 해인사는 국보 52호 장경판전 안에 국보 32호 팔만대장경을 모시고 있어서, 삼보사찰 중 법보사찰로 꼽힙니다. 삼보는 불교에서 중요한 역할을 하는 부처님(佛), 부처님의 가르침(法), 가르침을 전하는 스님(僧)을 가리킵니다. 불보사찰은 양산 통도사로 부처님의 진신사리를 모시고 있고, 순천 송광사는 고려 시대 16국사를 배출하여 승보사찰이 되었죠.

해인사는 화엄십찰 가운데 하나이기도 합니다. 화엄십찰은 의상대사와 그의 제자들에 의해 창건되었는데, 해인사는 의상대사의 손제자(孫弟子) 순응 스님이 802년(애장왕 3)에 창건을 시작하여 이정화상이 마무리했습니다. '해인사'라는 절 이름도 《대방광불화엄경》의 '해인삼매(海印三昧)'(바나에 쏭랑이 쉬면 삼라만상 모든 것이 도장 찍히듯 그대로 바닷물에 비쳐 보인다는 뜻으로 모든 번뇌가 사라진 부처의 마음속에는 과거와 현재, 미래의 모든 업이 똑

똑하게 보인다는 것을 의미)에서 따 왔을 정도로, 해인사는 화엄 사상의 중심 사찰입니다.

스님으로는 드물게 좌상의 주인공이 된 희랑대사도 해인사에서 화엄 사상을 펼쳤습니다.(국보 333호 합천 해인사 건칠희랑대사좌상) 희랑대사는 고려가 후백제와 경쟁할 때 태조를 도왔으며, 태조는 그 보답으로 해인사를 고려의 국찰(國刹)로 삼고 크게 중건합니다.

조선 성종 때 두 대비(인수대비와 인혜대비)가 세조비 정희왕후의 유명을 받들어 또 한 번 해인사를 크게 중창한 것이 1490년입니다. 임진왜란 때는 다행히 전란의 화마를 피해갔지만, 이후 1695년부터 1871년까지 일곱 차례의 크고 작은 화재 피해를 입었습니다. 특히 1817년 대화재 때는 추사 김정희의 아버지 김노경이 경상도 관찰사로 재직하면서 해인사를 중건했는데, 이에 대한 기록이 추사가 쓴 1818년 〈가야산해인사중건상량문〉에 나타납니다.

국보 32호 합천 해인사 대장경판

불경은 경(經), 율(律), 논(論)으로 구성됩니다. 경과 율은 석가모니가 말하고 제정한 설법과 계율입니다. 경은 석가모니 입멸 후, 그의 수행비서였던 아난존자가 상정한 내용을 장로들이 확정한 것이죠. 율은 석가모니 제자 가운데 계율에 대해 가장 잘 알고 있었던 우바리존자에 의해 정리되었고요. 마지막으로 논은 경과 율에 대한 고승들의 다양한 해석과 연구를 담고 있습니다.

이렇게 정리된 산스크리트 경전들이 중국에 전해지면서 한문으로 번역됩니다. 처음에는 당연히 번역한 불경들을 필사해서 전했고, 인쇄술

국보 32호 합천 해인사 대장경판

이 발달하면서 경, 율, 논을 체계적으로 정리한 목판대장경이 제작됩니다. 처음 만들어진 목판대장경은 북송 태조 때인 972년 만들기 시작하여 983년에 완성한 북송 관판대장경입니다.

뒤이어 고려에서도 대장경을 판각하는데요. 거란의 침입을 불심의 힘으로 막고자 1011년(현종 2)부터 1087년(선종 4)까지 6대 76년 동안 작업한 초조대장경입니다. 이어 대각국사 의천은 1100년에 초조대장경을 보완하는 속장경을 제작하고요. 안타깝게도 초조대장경과 속장경은 남아 있지 않습니다. 초조대장경은 대구 팔공산 부인사에 봉안되어 있다가 몽골의 2차 침입 때(1232) 불타 버렸고, 일부 판본만이 남아 있습니다. 속장경은 일부 경판이 송광사에서 발견되었고, 일부 판본이 일본에서 발견되기도 했습니다.

초조대장경을 잃은 고려 조정은 대몽항쟁의 어려운 시기에도 불구하고 다시 대장경을 판각하기로 결정합니다. 대장경 조성을 총괄하는 대장도감을 설치하고, 여러 준비과정을 거치죠. 이후 1237년부터 본격적으로 판각을 시작하여 1248년 마무리 지었고, 1251년에 대장경의 완성을 대내외에 알립니다.

이렇게 어려운 시기에 국력을 쏟아 대장경을 간행한 이유는 부처님의 힘을 빌려 몽골을 몰아내고자 하는 것이었죠. 또한 전란으로 고통받고 최씨 정권에 대한 불만을 키우고 있는 백성들의 마음을 하나로 모으기 위해서였습니다.

81,352매에 이르는 팔만대장경은 거의 똑같은 크기와 체제를 유지하고 있습니다. 경판 하나의 크기는 대체로 가로 70cm, 세로 24cm, 두께 2.8cm이고, 앞뒤 양면에 면마다 23줄, 줄마다 14글자를 새겼습니다. 팔만대장경은 세계에 현존하는 대장경 중 가장 오래된 것이며, 가장 정밀하고 오탈자가 없기로 유명합니다. 오늘날 불교 연구의 기본서로 통하는 일본의《대정신수대장경》도 우리의 팔만대장경을 저본으로 삼고 있을 정도니까요. 이러한 가치를 인정받아 1997년에는 유네스코 세계기록유산으로 지정되었습니다.

국보 52호 합천 해인사 장경판전

국보 32호 합천 해인사 대장경판(팔만대장경)이 지금까지 그 원형을 보존하고 있는 이유는 국보 52호 합천 해인사 장경판전에 보관되어 있기 때문입니다. 목판의 특성상, 팔만대장경 보존을 위해서는 적정한 온도와 습도의 유지, 직사광선 차단, 원활한 통풍과 환기가 중요한데, 장경판전은 이를 모두 만족시키고 있죠.

장경판전은 바닥 습기를 막기 위해 배수가 잘되는 토질 위에 세웠고,

습기를 빨아들이는 석회, 숯, 소금을 겹겹이 넣고 황토로 바닥을 마감했습니다. 건물의 방향과 살창 구조, 경판을 올려두는 판가를 통해 필요한 햇빛의 양을 조절하고요. 특히, 수다라장과 법보전의 앞면 살창은 위쪽이 작고 아래쪽이 크게, 뒷면 살창은 위쪽이 크고 아래쪽이 작게 만들어 환기와 통풍을 원활하게 해줍니다.

장경판전은 남북의 기다란 두 건물, 수다라장과 법보전, 그리고 동서의 작은 두 건물, 동사간고, 서사간고로 이루어집니다. 수다라장과 법보전에 '팔만대장경'이 봉안되어 있고, 동, 서 사간고에는 팔만대장경 이전에 판각된 고려목판이 보관되어 있습니다. 수다라장과 법보전은 정면 15칸, 측면 2칸이고, 동, 서사간고는 정면 2칸, 측면 1칸의 크기입니다.

국보 52호 합천 해인사 장경판전

장경판전이 언제 건축되었는지는 확실하지 않지만, 아마도 대장경이 해인사로 옮겨올 무렵 신축되었을 겁니다. 대장경을 해인사로 옮긴 시기는 고려 말기설, 태조 원년설, 태조 6년설, 조선 초기설 등이 있는데요. 대체로 1399년 정월 이전에는 해인사로 옮겼다고 봅니다.(팔만대장경을 어떻게 옮겼는지에 대해서는 국보 돋보기에서 더 살펴보겠습니다)

해인사는 여러 차례 크고 작은 화재의 피해를 입었는데, 다행히도 장경판전은 화마의 손길을 피해갔습니다. 6.25 전쟁 때는 김영환 장군이 가야산 일대에 남아 있던 북한군에 대한 비행 폭격을 막고, 해인사 장경판전과 팔만대장경을 지켜냈죠.

장경판전은 절의 중심 건물인 대적광전보다 더 높은 곳에 위치해 있는데, 해인사가 왜 법보사찰인지 보여준다고 할 수 있습니다. 1997년에는 유네스코에서 장경판전의 가치를 인정해 세계문화유산으로 지정했죠. 세계문화유산 속에 세계기록유산이 보관되어 있는 흔치 않은 사례입니다.

팔만대장경을 어떻게 합천 해인사로 옮겼을까요?

팔만대장경은 강화도에서 경판을 새긴 다음 상화도 선원사에 보관하다가 조선 태조 때 한양의 지천사를 거쳐 합천 해인사로 옮겼다는 게 정설입니다. 팔만대장경은 모두 81,352매로 이루어져 있고, 한 판의 무게가 3kg 정도니까 모두 합하면 약 25톤 정도의 무게가 됩니다. 지금처럼 교통이 좋지 않았던 조선에서 어떻게 팔만대장경을 옮겼을까요?

팔만대장경을 합천 해인사로 왜 옮겼는지, 어떻게 옮겼는지에 대해서는 아직 명확하게 밝혀지지 않았습니다. 다만 당시의 운송 능력을 감안하여 육로와 해로, 두 가지 길 중 하나를 선택하여 옮겼을 거라고 추정할 뿐이죠.

먼저 육로를 통해 팔만대장경을 옮기더라도 최대한 물길을 이용했을 겁니다. 먼저 한양의 용산나루에서 배를 타고 남한강을 따라 충주의 가흥창에 도착합니다. 여기서부터는 육로를 통해 문경새재를 넘어 구미 선산의 강창나루까지 옮기고, 다시 낙동강의 물길을 이용해 고령 개경포에 도착하죠. 마지막으로 개경포에서 합천 해인사까지 다시 한번 육로로 팔만대장경을 옮기고요.

해로를 이용했다면 육로보다는 길이 간단합니다. 용산나루에서 조운선에 팔만대장경을 싣고 강화해협을 지나 서해안, 남해안을 거쳐 낙동강 하구에 도착합니다. 여기서 낙동강의 물길을 이용할 수 있는 작은 배로 팔만대장경을 옮기고 고령 개경포까지 간 다음에는 육로로 해인사까지 옮깁니다. 육로를 선택하든 해로를 선택하든 쉽지 않은 운송길이었을 텐데요. 더 불가사의한 것은 이렇게 옮긴 팔만대장경 각 판에 마모의 흔적이 전혀 없다는 점입니다. 그래서 강화도에서 합천 해인사로 팔만대장경을 옮긴 것이 아니라 처음부터 해인사에 보관했다는 반론이 제기됩니다.

《고려사》고종 38년(1251) 9월 25일조에 보면 이런 내용이 나옵니다. "현종 때 만든 초조대장경 판본이 임진년(1232) 몽고의 난 때 불타버린 후 임금과 신하가 도감을 세우고 발원하여 16년간에 걸쳐 경판을 완성했다. 이에 임금은 백관을 거느리고 성의 서문 밖에 있는 대장경 판당에 행차하여 낙성기념회를 열었다." 낙성기념회를 열었던 대장경 판당을 팔만대장경의 제작 장소로 본다면 강화도가 제작지가 됩니다. 하지만 대장경 판당에서 팔만대장경을 만들었다는 확실한 기록은 없습니다.

그리고《조선왕조실록》태조 7년(1398) 5월 10일조에는 "임금이 용산강(한강)에 거둥하였다.《대장경(大藏經)》의 목판(木版)을 강화의 선원사로부터 운반하였다"고 나오고, 이어서 5월 12일조에는 "대장(隊長)과 대부(隊副) 2천 명으로 하여금《대장경》의 목판을 (한양의) 지천사로 운반하게 하였다"고 기록되어 있습니다. 이 '대장경'이 팔만대장경이 맞다면 강화도 선원사에 있던 팔만대장경을 지천사로 옮긴 것이 맞죠. 그런데 그 '대장경'이 팔만대장경이라는 확실한 기록도 없습니다.

또한 《조선왕조실록》 정종 1년(1399) 1월 9일조에는 "경상도 감사에게 명하여 불경을 인쇄하는 승도(僧徒)에게 해인사에서 공양하게 하였다. 태상왕(태조)이 사재(私財)로 《대장경》을 인쇄하여 만들고자 하니, 동북면에 저축한 콩과 조 5백 40석을 단주와 길주 두 고을 창고에 납입하게 하고, 해인사 근방 여러 고을의 쌀과 콩을 그 수량대로 내주도록 하였다"는 기록이 있습니다. 1398년 5월에 한양의 지천사로 대장경을 옮겼는데, 1399년 1월에는 합천의 해인사에서 대장경을 인쇄하라고 명했으니, 그 사이에 대장경을 옮겼으리라고 추정할 수 있죠. 불과 8개월의 짧은 기간 동안 그런 운송이 가능했을까요? 게다가 이때는 조선이 세워진 지 10년도 되지 않은 시점이었고, 1차 왕자의 난 때문에 시국이 불안정했던 시기였는데요. 하지만 분명한 것은 정종 원년(1399)에는 합천 해인사에 팔만대장경이 있었다는 점입니다.

몽골군과 한 치 앞 대치 중인 전쟁 상황에서 나무를 일부러 강화도로 가지고 와 경판을 제작했다고 보기보다는 해인사 인근에서 대장경을 제작하고 보관했다고 보는 것이 더 타당하지 않을까요? 나무 전문가 박상진은 《나무에 새겨진 팔만대장경의 비밀》에서 이를 뒷받침하는 몇 가지 근거를 제시합니다.

첫째, 경판을 만든 나무의 대부분이 산벚나무와 돌배나무인데, 따뜻한 남쪽에서 자라는 후박나무 등이 포함되어 있는 것을 보면 몽골군의 영향을 덜 받은 남해안 일대에서 나무를 베어 초벌 경판을 만들고 해인사 인근에서 경판을 새겼을 것이다.

둘째, 경판 나무에 거제수나무가 포함되어 있다. 거제수나무는 주로 해발 600~1,000m 사이의 고산에서 자라는데, 해인사 인근에 질 좋은 거제수나무가 많이 자란다. 그러므로 해인사 주위에서 거제수나무를 베고 바로 그곳에서 경판을 새겼을 것이다.

셋째, 경판의 표면에서 마모 흔적을 전혀 찾을 수 없다는 점이다. 이는 가까운 거리에서 경판을 새겨서 바로 보관했을 때만 가능하다.

즉, 팔만대장경의 제작 장소는 강화도가 아니라 해인사 또는 해인사 인근이라고 봐야 한다는 것입니다.

그런데 《조선왕조실록》 정종 1년(1399) 7월 21일조에 재밌는 내용이 기록되어 있습니다. 일본 사신 의홍이 대장경판을 청하자 정종은 "예전에 2벌이 있었는데, 1벌은 나라 사람들이 인쇄하는 것이고, 1벌은 해적이 불태워서 없어진 것이 많아 완전하지 못하다. 장차 유사(攸司)를 시켜 완전히 보충하여 보낼 터이니, 배를 준비하여 와서 실어 가라"고 대답합니다. 대장경이 2벌이었다면, 1벌은 강화도에 보관했고 1벌은 해인사에 보관했다고 해석할 수 있죠. 앞서 선원사에서 지천사로 옮긴 대장경이 바로 강화도에 보관해두었던 대장경이고요. 해인사에도 1벌이 더 있었으니, 태조가 해인사에 대장경을 인쇄하라고 명한 것도 자연스럽습니다. 하지만 몽골과의 전쟁 중에 2벌이나 대장경을 새길 수 있었을지는 의문입니다. 아무튼 팔만대장경을 어디에서 새겼는지, 어떻게 옮겼는지에 대해서는 지속적인 연구가 필요해 보입니다.

고려와 구텐베르크의 금속활자에 대해 이야기를 나눠 볼까요?

　우리나라는 세계 최고(最古)의 목판인쇄본 '무구정광대다라니경'을 보유하고 있습니다. 세계 최고(最古)의 금속활자본 '백운화상초록불조직지심체요절'도 고려 때 만들어졌죠. '활자(活字)'는 '살아있는 글자'라는 의미입니다. 왜 죽은 글자(死字)가 아니라 산 글자(活字)일까요? 이는 이전의 목판인쇄와 달리 글자를 재조합해서 다시 쓸 수 있었기 때문입니다. 목판인쇄는 나무에 새긴 대로만 내용을 인쇄할 수 있지만, 금속활자는 글자를 옮겨 배열하면 다양한 내용을 인쇄할 수 있었죠.

　서양 최초의 금속활자는 구텐베르크가 만들었습니다. 금속활자의 발명은 독일어판 성경을 대량으로 보급했고, 유럽의 종교개혁, 지리적 팽창, 과학과 자본주의의 발전에 젖줄 역할을 했습니다. 특히 고려의 금속활자는 수공으로 인쇄를 해야 했기 때문에 인쇄 속도에서는 큰 발전을 이루지 못했는데요. 구텐베르크의 금속활자는 포도주 제작공정에서 사용했던 프레스기를 응용하여 대량인쇄가 가능했죠. 우리나라의 인쇄술, 직지심체요절과 구텐베르크의 금속활자에 대해 가족과 함께 이야기를 나눠 보세요.

가족과 함께 이야기 나누고 싶은 질문들을 적어보세요

일상 하브루타 '천'과 '주'

어진, 가온이와 함께 하브루타를 즐기고 있습니다. 우리 가족은 하브루타가 일상이 되었습니다.

"도시 이름 중 '주'가 많을까? '천'이 많을까?"
"원주, 경주, 광주, 청주…" "인천, 부천, 동두천, 순천…"
"우리 알아볼까?"
"어떻게?"

어진, 가온이가 '주'가 들어가는 도시와 '천'이 들어가는 도시를 몇 군데 말하더니, 사회과부도 책을 가져와 본격적으로 찾기 시작합니다. 언니는 찾고, 동생은 받아적고. 과연 결과는 어땠을까요? 2개 차이로 '천'의 승리입니다.

	천	주
경기도 인천	인천, 부천, 이천, 포천, 동두천, 과천, 연천	파주, 양주, 남양주, 광주, 여주
강원도	화천, 춘천, 홍천	원주
충청도	제천, 옥천, 진천, 서천	충주, 청주, 공주
경상도	김천, 영천, 예천, 합천, 사천	울주, 경주, 상주, 성주, 진주
전라도	순천	전주, 광주, 나주
계	20	18

아는 만큼 보이고, 알면 사랑한다

한 번도 직접 뵌 적은 없지만, 세 분 선생님 덕분에 이 책이 나올 수 있었습니다. 먼저 유홍준 선생님은 제가 우리 문화와 우리 역사에 대해 관심을 가질 수 있도록 이끌어 주셨습니다. '아는 만큼 보이고, 알면 사랑한다'는 마음가짐으로 국보를 배우고 공부하게 해주셨습니다. 이 책은 유홍준 선생님의 책을 통해 배운 내용을 요약 정리한 것에 불과합니다.

두 번째 선생님은 전성수 선생님입니다. 《부모라면 하브루타로 교육하라》를 통해 '짝을 지어 질문하고 대화하고 토론하고 논쟁하는' 하브루타 교육법을 알게 해주셨습니다. 특히, '배워서 남 주자'는 가르침은 제 삶의 좌우명이 되었습니다. '배워서 남 주기' 위해 노력한 이 책이 독자님들에게 조금이라도 도움이 되었으면 좋겠습니다.

세 번째 선생님은 다산 정약용 신생님입니다. 《유배지에서 보내는 편지》에는 정약용 선생님이 닭을 기르는 아들에게 다른 책에서 닭과 관련된 내용들을 모아 계경(鷄經) 같은 책을 쓰도록 권유하는 편지가 있습니다. 선생님은 '반드시 먼저 자기 뜻을 정해 만들 책의 규모와 편목을 세운 뒤에 남의 책에서 간추려내는' 초서(鈔書)법으로도 책을 쓸 수 있다는 것을 알려 주셨습니다.

세 분 선생님 외에도 책을 통해 많은 선생님들을 만났습니다. 이 책을 쓰면서 직접적인 가르침을 받은 선생님들은 참고문헌에 밝혔습니다. 제 책을 읽고 우리 문화에 대해 관심이 생기셨다면, 참고문헌 목록에 있는 선생님들의 글을 읽어보세요. 우리 문화에 대한 깊이 있는 안목을 느끼실 수 있을 겁니다.

'하브루타 부모교육연구소'에서 개설한 '하브루타 독서토론지도사' 과정은 글(text) 외에 무엇이라도 하브루타의 대상이 될 수 있음을 깨닫게 해주었습니다. 이 책을 통해 인연을 맺은 모든 선생님들께 감사 인사를 올립니다.

마지막으로 가족에게 고마운 마음을 전합니다. 인생의 선생님이신 양가 부모님, 동생 가족, 처남 가족, 모두 고맙습니다. 여러모로 부족한 아빠에게 힘이 되어 주고, 함께 하브루타 하며 국보 여행을 다니는 아내 박유진과 두 딸 최어진, 최가온, 모두 고맙습니다. 그리고 사랑합니다.

지역별 국보 목록

(2020년 12월 기준. 지역별 가나다순)

◆ 서울 강남구, 관악구(20건)

지정번호	국보명	소재지	시대
173	청자 퇴화점문 나한좌상	강남구 (개인)	고려
284	초조본 대반야바라밀다경 권162, 170, 463	강남구 코리아나 화장박물관	고려
179	분청사기 박지연화어문 편병	관악구 호림박물관	조선
211	백지묵서묘법연화경		고려
222	백자 청화매죽문 유개항아리		조선
266	초조본 대방광불화엄경 주본 권2, 75		고려
267	초조본 아비달마식신족론 권12		고려
268	초조본 아비담비파사론 권11, 17		고려
269	초조본 불설최상근본대락금강 불공삼매대교왕경 권6		고려
281	백자 병형 주전자		조선
148-1	십칠사찬고금통요 권16	관악구 서울대학교 규장각	조선
150	송조표전총류 권7		조선
151-1	조선왕조실록 정족산사고본		조선
151-3	조선왕조실록 오대산사고본		조선
151-6	조선왕조실록 기타산엽본		조선
152	비변사등록		조선
153	일성록		조선
303	승정원일기		조선
306-2	삼국유사		조선
319-3	동의보감		조선

◆ 서울 광진구, 동작구, 서대문구, 서초구 (15건)

지정번호	국보명	소재지	시대
142	동국정운	광진구 건국대박물관	조선
141	정문경	동작구 숭실대 한국기독교박물관	청동기
231	전 영암 거푸집 일괄		청동기
329	공주 충청감영 측우기	동작구 기상청	조선
330	대구 경상감영 측우대		조선
107	백자 철화포도문 항아리	서대문구 이화여대박물관	조선
326	청자 순화4년명 항아리		고려
202	대방광불화엄경 진본 권37	서대문구 아단문고	고려
250	이원길 개국원종공신녹권		조선
251	초조본 대승아비달마잡집론 권14		고려
148-2	십칠사찬고금통요 권17	서초구 국립중앙도서관	조선
319-1	동의보감		조선
254	청자 음각연화문 유개매병	서초구 (개인)	고려
257	초조본 대방광불화엄경 주본 권29	서초구 관문사	고려
279	초조본 대방광불화엄경 주본 권74		고려

◆ 서울 성북구 (16건)

지정번호	국보명	소재지	시대
65	청자 기린형뚜껑 향로	간송미술관	고려
66	청자 상감연지원앙문 정병		고려
68	청자 상감운학문 매병		고려
70	훈민정음		조선
71	동국정운 권1,6		조선
72	금동계미명삼존불입상		삼국
73	금동삼존불감		고려
74	청자 오리모양 연적		고려
135	신윤복필 풍속도 화첩		조선
149-1	동래선생교정북사상절 권4, 5		조선
270	청자 무자원숭이모양 연적		고려
294	백자 청화철채동채초충문 병		조선
177	분청사기 인화국화문 태항아리	고려대학교 박물관	조선
230	혼천의 및 혼천시계		조선
249-1	동궐도		조선
291	용감수경 권3~4	고려대학교 중앙도서관	고려

◆ 서울 용산구 국립중앙박물관 (59건)

지정번호	국보명	시대
3	서울 북한산 신라 진흥왕 순수비	신라
60	청자 사자형뚜껑 향로	고려
61	청자 어룡형 주전자	고려
78	금동미륵보살반가사유상	삼국
79	경주 구황동 금제여래좌상	통일신라
80	경주 구황동 금제여래입상	통일신라
81	경주 감산사 석조미륵보살입상	통일신라
82	경주 감산사 석조아미타여래입상	통일신라
83	금동미륵보살반가사유상	삼국
86	개성 경천사지 십층석탑	고려
89	평양 석암리 금제 띠고리	삼한
90	경주 부부총 금귀걸이	신라
91	도기 기마인물형 명기	신라
92	청동 은입사 포류수금문 정병	고려
93	백자 철화포도원숭이문 항아리	조선
94	청자 참외모양 병	고려
95	청자 투각칠보문뚜껑 향로	고려
96	청자 구룡형 주전자	고려
97	청자 음각연화당초문 매병	고려
98	청자 상감모란문 항아리	고려
99	김천 갈항사지 동 · 서 삼층석탑	통일신라
100	개성 남계원지 칠층석탑	고려
102	충주 정토사지 홍법국사탑	고려

지정번호	국보명	시대
104	원주 흥법사지 염거화상탑	통일신라
110	이제현 초상	고려
113	청자 철화양류문 통형 병	고려
114	청자 상감모란국화문 참외모양 병	고려
115	청자 상감당초문 완	고려
116	청자 상감모란문 표주박모양 주전자	고려
119	금동연가7년명여래입상	고구려
121	안동 하회탈 및 병산탈	고려
125	녹유골호(부석제외함)	통일신라
127	서울 삼양동 금동관음보살입상	삼국
131	고려말 화령부 호적관련고문서	고려
145	귀면 청동로	고려
155	무령왕비 금제관식	백제
166	백자 철화매죽문 항아리	조선
167	청자 인물형 주전자	고려
170	백자 청화매조죽문 유개항아리	조선
175	백자 상감연화당초문 대접	조선
178	분청사기 음각어문 편병	조선
180	김정희필 세한도	조선
185	상지은니묘법연화경	고려
186	양평 신화리 금동여래입상	삼국
191	황남대총 북분 금관	신라
192	황남대총 북분 금제 허리띠	신라
193	경주 98호 남분 유리병 및 잔	신라

지정번호	국보명	시대
194	황남대총 남분 금목걸이	신라
239	송시열 초상	조선
245	초조본 신찬일체경원품차록 권20	고려
246	초조본 대보적경 권59	고려
253	청자 양각연화당초상감모란문 은테 발	고려
259	분청사기 상감운룡문 항아리	조선
260	분청사기 박지철채모란문 자라병	조선
271	초조본 현양성교론 권12	고려
272	초조본 유가사지론 권32	고려
273	초조본 유가사지론 권15	고려
280	성거산 천흥사명 동종	고려
325	기사계첩	조선

◆ 서울 용산구 삼성미술관 리움 (36건)

지정번호	국보명	시대
85	금동신묘명삼존불입상	삼국
118	금동미륵보살반가사유상	삼국
128	금동관음보살입상	백제
129	금동보살입상	통일신라
133	청자 동화연화문 표주박모양 주전자	고려
134	금동보살삼존입상	백제
136	금동 용두보당	고려
137	대구 비산동 청동기 일괄	청동기
138	전 고령 금관 및 장신구 일괄	삼국
139	김홍도필 군선도 병풍	조선
140	나전 화문 동경	미상
146	전 논산 청동방울 일괄	미상
169	청자 양각죽절문 병	고려
171	청동 은입사 봉황문 합	고려
172	진양군영인정씨묘출토유물	조선
174	금동 수정 장식 촛대	통일신라
196	신라백지묵서대방광불화엄경 주본 권1~10, 44~50	통일신라
210	감지은니불공견삭신변진언경 권13	고려
213	금동탑	고려
214	흥왕사명 청동 은입사 향완	고려
215	감지은니대방광불화엄경 정원본 권31	고려
216	정선필 인왕제색도	조선
217	정선필 금강전도	조선

지정번호	국보명	시대
218	아미타삼존도	고려
219	백자 청화매죽문 항아리	조선
220	청자 상감용봉모란문 합 및 탁	고려
234	감지은니묘법연화경	고려
235	감지금니대방광불화엄경보현행원품	고려
241	초조본 대반야바라밀다경 권249	고려
243	초조본 현양성교론 권11	고려
252	청자 음각'효문'명 연화문 매병	고려
255	전 덕산 청동방울 일괄	청동기
258	백자 청화죽문 각병	조선
261	백자 유개항아리	조선
286	백자 '천' '지' '현' '황'명 발	조선
309	백자 달항아리	조선

※ 경기도 용인 호암미술관에서 전시하기도 함.

◆ 서울 종로구, 중구 (22건)

지정번호	국보명	소재지	시대
2	서울 원각사지 십층석탑	종로구	조선
223	경복궁 근정전	종로구 경복궁	조선
224	경복궁 경회루		조선
225	창덕궁 인정전	종로구 창덕궁	조선
226	창경궁 명정전	종로구 창경궁	조선
227	종묘 정전	종로구 종묘	조선
228	천상열차분야지도 각석	종로구 국립고궁박물관	조선
229	창경궁 자격루		조선
310	백자 달항아리		조선
331	창덕궁 이문원 측우대		조선
237	고산구곡시화도 병풍	종로구 (개인)	조선
238	소원화개첩	종로구 (개인), 분실	조선
265	초조본 대방광불화엄경 주본 권13	종로구 (개인)	고려
306-1	삼국유사 권3〜5	종로구 (개인)	조선
1	서울 숭례문	중구	조선
149-2	동래선생교정북사상절 권6	중구 (개인)	조선
176	백자 청화'홍치2년'명 송죽문 항아리	중구 동국대박물관	조선
209	보협인석탑		미상
212	대불정여래밀인수증요의제 보살만행수능엄경(언해)	중구 동국대도서관	조선
203	대방광불화엄경 주본 권6	중구 (개인)	고려
204	대방광불화엄경 주본 권36	중구 (개인)	고려
322 2	삼국사기	중구 (개인)	조선

◆ 경기도 (11건)

지정번호	국보명	소재지	시대
248	조선방역지도	과천시 국사편찬위원회	조선
283	통감속편	성남시 한국학중앙연구원	조선
319-2	동의보감		조선
320	월인천강지곡 권상		조선
296	칠장사오불회괘불탱	안성 칠장사	조선
4	여주 고달사지 승탑	여주시	고려
244	초조본 유가사지론 권17	용인시 명지대학교박물관	고려
256	초조본 대방광불화엄경 주본 권1	용인시 경기도박물관	고려
262	백자 달항아리	용인대학교박물관	조선
263	백자 청화산수화조문 항아리		조선
120	용주사 동종	화성 용주사	고려

◆ 인천 (1건)

지정번호	국보명	소재지	시대
276	초조본 유가사지론 권53	가천박물관	고려

◆ 강원도 (11건)

지정번호	국보명	소재지	시대
51	강릉 임영관 삼문	강릉시	고려
122	양양 진전사지 삼층석탑	양양군	통일신라
59	원주 법천사지 지광국사탑비	원주시	고려
277	초조본 대방광불화엄경 주본 권36	원주시 뮤지엄 산	고려
332	정선 정암사 수마노탑	정선 정암사	고려
63	철원 도피안사 철조비로자나불좌상	철원 도피안사	통일신라
124	강릉 한송사지 석조보살좌상	국립춘천박물관	고려
36	상원사 동종	평창 상원사	통일신라
221	평창 상원사 목조문수동자좌상		조선
48	평창 월정사 팔각 구층석탑 및 석조보살좌상	평창 월정사	고려
292	평창 상원사 중창권선문		조선

◆ 충청북도 (10건)

지정번호	국보명	소재지	시대
198	단양 신라 적성비	단양군	신라
5	보은 법주사 쌍사자 석등	보은 법주사	통일신라
55	보은 법주사 팔상전		조선
64	보은 법주사 석련지		통일신라
41	청주 용두사지 철당간	청주시	고려
106	계유명전씨아미타불비상	국립청주박물관	통일신라
297	안심사영산회괘불탱	청주 안심사	조선
6	충주 탑평리 칠층석탑	충주시	통일신라
197	충주 청룡사지 보각국사탑	충주시	조선
205	충주 고구려비	충주시	고구려

◆ 대전 (1건)

지정번호	국보명	소재지	시대
101	원주 법천사지 지광국사탑	문화재청 문화재보존과학센터	고려

: 복원 수리 후 강원도 원주로 이전 예정

◆ 충청남도 (29건)

지정번호	국보명	소재지	시대
108	계유명삼존천불비상	국립공주박물관	통일신라
154	무령왕 금제관식		백제
156	무령왕 금귀걸이		백제
157	무령왕비 금귀걸이		백제
158	무령왕비 금목걸이		백제
159	무령왕 금제 뒤꽂이		백제
160	무령왕비 은팔찌		백제
161	무령왕릉 청동거울 일괄		백제
162	무령왕릉 석수		백제
163	무령왕릉 지석		백제
164	무령왕비 베개		백제
165	무령왕 발받침		백제
247	공주의당금동보살입상		백제
298	갑사삼신불괘불탱	공주 갑사	조선
299	신원사노사나불괘불탱	공주 신원사	조선
323	논산 관촉사 석조미륵보살입상	논산 관촉사	고려
8	보령 성주사지 낭혜화상탑비	보령시	통일신라
9	부여 정림사지 오층석탑	부여군	백제
287	백제 금동대향로	국립부여박물관	백제
288	부여 능산리사지 석조사리감		백제
293	부여 규암리 금동관음보살입상		삼국
327	부여 왕흥사지 출토 사리기	국립부여문화재연구소	백제
84	서산 용현리 마애여래삼존상	서산시	백제

지정번호	국보명	소재지	시대
76	이순신 난중일기 및 서간첩 임진장초	아산 현충사	조선
49	예산 수덕사 대웅전	예산 수덕사	고려
7	천안 봉선홍경사 갈기비	천안시	고려
58	청양 장곡사 철조약사여래좌상 및 석조대좌	청양 장곡사	통일신라
300	장곡사미륵불괘불탱		조선
307	태안 동문리 마애삼존불입상	태안군	삼국

◆ 전라북도 (8건)

지정번호	국보명	소재지	시대
62	김제 금산사 미륵전	김제 금산사	조선
10	남원 실상사 백장암 삼층석탑	남원 실상사 백장암	통일신라
316	완주 화암사 극락전	완주 화암사	조선
11	익산 미륵사지 석탑	익산시	백제
123	익산 왕궁리 오층석탑 사리장엄구	국립익산박물관	통일신라
289	익산 왕궁리 오층석탑	익산시	고려
317	조선태조어진	전주 경기전	조선
232	이화 개국공신녹권	정읍시 (개인)	조선

◆ 광주 (2건)

지정번호	국보명	소재지	시대
103	광양 중흥산성 쌍사자 석등	국립광주박물관	통일신라
143	화순 대곡리 청동기 일괄		미상

◆ 전라남도 (21건)

지정번호	국보명	소재지	시대
13	강진 무위사 극락보전	강진 무위사	조선
313	강진 무위사 극락전 아미타여래삼존벽화		조선
12	구례 화엄사 각황전 앞 석등	구례 화엄사	통일신라
35	구례 화엄사 사사자 삼층석탑		통일신라
67	구례 화엄사 각황전		조선
301	화엄사영산회괘불탱		조선
53	구례 연곡사 동 승탑	구례 연곡사	통일신라
54	구례 연곡사 북 승탑		고려
295	나주 신촌리 금동관	국립나주박물관	백제
42	순천 송광사 목조삼존불감	순천 송광사	통일신라
43	혜심고신제서		고려
56	순천 송광사 국사전		조선
314	순천 송광사 화엄경변상도		조선
304	여수 진남관	여수시	조선
50	영암 도갑사 해탈문	영암 도갑사	조선
144	영암 월출산 마애여래좌상	영암군	통일신라
44	장흥 보림사 남 · 북 삼층석탑 및 석등	장흥 보림사	통일신라
117	장흥 보림사 철조비로자나불좌상		통일신라
240	윤두서 자화상	해남 윤선도전시관	조선
308	해남 대흥사 북미륵암 마애여래좌상	해남 대흥사	고려
57	화순 쌍봉사 철감선사탑	화순 쌍봉사	통일신라

◆ 경상북도 (24건. 경주 제외)

지정번호	국보명	소재지	시대
130	구미 죽장리 오층석탑	구미시	통일신라
109	군위 아미타여래삼존 석굴	군위군	통일신라
208	도리사 세존사리탑 금동 사리기	김천 직지사	통일신라
315	문경 봉암사 지증대사탑비	문경 봉암사	통일신라
321	문경 대승사 각아미타여래설법상	문경 대승사	조선
201	봉화 북지리 마애여래좌상	봉화군	신라
15	안동 봉정사 극락전	안동 봉정사	고려
311	안동 봉정사 대웅전		조선
16	안동 법흥사지 칠층전탑	안동시	통일신라
132	징비록	안동시 국국학진흥원	조선
187	영양 산해리 오층모전석탑	영양군	통일신라
17	영주 부석사 무량수전 앞 석등	영주 부석사	통일신라
18	영주 부석사 무량수전		고려
19	영주 부석사 조사당		고려
45	영주 부석사 소조여래좌상		고려
46	부석사조사당벽화		고려
111	안향 초상	영주 소수서원	고려
282	영주 흑석사 목조아미타여래좌상 및 복장유물	영주 흑석사 (국립대구박물관)	조선
14	영천 은해사 거조암 영산전	영천 은해사	조선
328	예천 용문사 대장전과 윤장대	예천 용문사	조선
181	장양수 홍패	울진군 울진장씨대종회	고려
242	울진 봉평리 신라비	울진군	신라
77	의성 탑리리 오층석탑	의성군	통일신라
264	포항 냉수리 신라비	포항시	신라

◆ 경상북도 경주시 (31건)

지정번호	국보명	소재지	시대
20	경주 불국사 다보탑	불국사	통일신라
21	경주 불국사 삼층석탑		통일신라
22	경주 불국사 연화교 및 칠보교		통일신라
23	경주 불국사 청운교 및 백운교		통일신라
26	경주 불국사 금동비로자나불좌상		통일신라
27	경주 불국사 금동아미타여래좌상		통일신라
126	불국사 삼층석탑 사리장엄구		통일신라
24	경주 석굴암 석굴	경주시	통일신라
25	경주 태종무열왕릉비	경주시	통일신라
30	경주 분황사 모전석탑	분황사	신라
31	경주 첨성대	경주시	신라
37	경주 황복사지 삼층석탑	경주시	통일신라
39	경주 나원리 오층석탑	경주시	통일신라
40	경주 정혜사지 십삼층석탑	경주시	통일신라
112	경주 감은사지 동 · 서 삼층석탑	경주시	통일신라
199	경주 단석산 신선사 마애불상군	경주시	신라
236	경주 장항리 서 오층석탑	경주시	통일신라
312	경주 남산 칠불암 마애불상군	경주시	통일신라
28	경주 백률사 금동약사여래입상	국립경주박물관	통일신라
29	성덕대왕신종		통일신라
38	경주 고선사지 삼층석탑		통일신라
87	금관총 금관 및 금제 관식		신라
88	금관총 금제 허리띠		신라

지정번호	국보명	소재지	시대
188	천마총 금관	국립경주박물관	신라
189	천마총 관모		신라
190	천마총 금제 허리띠		신라
195	토우장식 장경호		신라
207	경주 천마총 장니 천마도		신라
275	도기 기마인물형 뿔잔		삼국
318	포항 중성리 신라비	국립경주문화재연구소	신라
322-1	삼국사기	옥산서원	조선

◆ 대구 (4건)

지정번호	국보명	소재지	시대
182	구미 선산읍 금동여래입상	국립대구박물관	통일신라
183	구미 선산읍 금동보살입상		신라
184	구미 선산읍 금동보살입상		신라
282	영주 흑석사 목조아미타여래좌상 및 복장유물		조선

◆ 경상남도 (14건)

지정번호	국보명	소재지	시대
75	표충사 청동 은입사 향완	밀양 표충사	고려
233-1	산청 석남암사지 석조비로자나불좌상	산청 내원사	통일신라
290	양산 통도사 대웅전 및 금강계단	양산 통도사	조선
302	청곡사영산회괘불탱	진주 청곡사	조선
105	산청 범학리 삼층석탑	국립진주박물관	통일신라
324	이제 개국공신교서		조선
33	창녕 신라 진흥왕 척경비	창녕군	신라
34	창녕 술정리 동 삼층석탑	창녕군	통일신라
305	통영 세병관	통영시	조선
47	하동 쌍계사 진감선사탑비	하동 쌍계사	통일신라
32	합천 해인사 내상경판	합천 해인사	고려
52	합천 해인사 장경판전		조선
206	합천 해인사 고려목판		고려
333	합천 해인사 건칠희랑대사좌상		고려

◆ 부산 (5건)

지정번호	국보명	소재지	시대
69	심지백 개국원종공신녹권	동아대학교박물관	조선
249-2	동궐도		조선
151-2	조선왕조실록 태백산사고본	국가기록원 역사기록관	조선
200	금동보살입상	부산시립박물관	통일신라
233-2	전 산청 석남암사지 납석사리호		통일신라

◆ 울산 (2건)

지정번호	국보명	소재지	시대
147	울주 천전리 각석	울주군	청동기
285	울주 대곡리 반구대 암각화	울주군	석기

사진 출처

장	이미지	출처
2장	국보 227호 종묘 정전	국보 하브루타 블로그
3장	국보 78호 금동 미륵보살 반가사유상 국보 83호 금동 미륵보살 반가사유상	
	신라의 굽다리 접시, 가야의 굽다리 접시 신라의 긴목 항아리, 가야의 긴목 항아리	국립중앙박물관 홈페이지
4장	영주 부석사 범종루	위키미디어
8장	삼국사기	국립중앙박물관 홈페이지
	국보 122호 양양 진전사지 삼층석탑 국보 197호 충주 청룡사지 보각국사탑	국보 하브루타 블로그
9장	국보 205호 충주 고구려비	
11장	고구려의 장군총	위키미디어
	씨름도, 무용도	국립중앙박물관 홈페이지
	칠지도 모사품	위키피디아
12장	건원릉	적화다향 블로그
	성북구 정릉	문화재청 학생기자단 김은정
13장	국보 11호 익산 미륵사지 석탑 (복원 후)	국보 하브루타 블로그
14장	국보 42호 순천 송광사 목조삼존불감	
15장	국보 22호 불국사 연화교 및 칠보교 국보 23호 불국사 청운교 및 백운교	
16장	경주 식리총 금동신발	국립중앙박물관 홈페이지

※ 그 밖에 사진은 모두 문화재청 홈페이지(www.cha.go.kr)가 출처입니다. 문화재청 홈페이지에서 더 많은 사진을 보실 수 있습니다.

참고문헌

국립중앙박물관,《국립중앙박물관 100선》, 안그라픽스, 2011.

김부식, 허성도 옮김,《삼국사기》, 올재클래식스, 2018.

김상태,《고조선 논쟁과 한국 민주주의》, 글로벌콘텐츠, 2017.

김용옥,《스무살 반야심경에 미치다》, 통나무, 2019.

노중국 외,《금석문으로 백제를 읽다》, 학연문화사, 2015.

도재기,《국보, 역사로 읽고 보다》, 이야기가있는집, 2016.

박상용,《절에서 만나는 우리 문화》, 낮은산, 2010.

박상진,《나무에 새겨진 팔만대장경의 비밀》, 김영사, 2007.

박영규,《한 권으로 읽는 조선왕조실록》, 웅진지식하우스, 2004.

박종기,《고려사의 재발견》, 휴머니스트, 2015.

배한철,《국보, 역사의 명장면을 담다》, 매일경제신문사, 2020.

서인화,《종묘제례와 종묘제례악》, 스쿨김영사, 2007.

설민석,《설민석의 조선왕조실록》, 세계사, 2016.

성낙주,《석굴암, 그 이념과 미학》, 개마고원, 2008.

성삼제,《고조선 사라진 역사》, 동아일보사, 2014.

송용진,《쏭내관의 재미있는 궁궐 기행》, 지식프레임, 2009.

신동원 엮음,《우리 과학의 수수께끼》, 한겨레출판, 2006.

신동원 엮음,《우리 과학의 수수께끼 2》, 한겨레출판, 2007.

신동원,《한국 과학사 이야기 1》, 책과함께, 2010.

신동원,《한국 과학사 이야기 2》, 책과함께, 2011.

오주환,《부모와 함께하는 문화유산 상식여행》, 북허브, 2011.

유홍준,《국보순례》, 눌와, 2011.

유홍준,《명작순례》, 눌와, 2013.

유홍준,《안목》, 눌와, 2017.

유홍준,《추사 김정희》, 창비, 2018.

윤내현,《고조선, 우리 역사의 탄생》, 만권당, 2016.

윤내현,《사료로 보는 우리 고대사》, 만권당, 2017.

이구열,《한국문화재 수난사》, 돌베개, 2013.

이광표,《손 안의 박물관》, 효형출판, 2006.

이광표,《한국의 국보》, 컬처북스, 2014.

이충렬,《간송 전형필》, 김영사, 2010.

이충렬,《혜곡 최순우 한국미의 순례자》, 김영사, 2012.

이현진,《조선후기 종묘 전례 연구》, 일지사, 2008.

일연, 김원중 옮김,《삼국유사》, 민음사, 2008.

장용준,《세계문화유산 이야기(한국편)》, 2011, 북멘토.

장웅연,《불교에 관한 사소하지만 결정적인 물음 49》, 담앤북스, 2016.

장웅연,《불교는 왜 그래》, 담앤북스, 2018.

정약용, 박석무 옮김,《유배지에서 보낸 편지》, 창비, 2009.

천지혜 외,《용선생의 과학교실-산화와 환원》, 사회평론, 2019.

최순우,《무량수전 배흘림기둥에 기대서서》, 학고재, 2008.

헌흥섭,《아악혁명과 문화영웅 세종》, 소나무, 2010.

헨드릭 하멜, 김태진 옮김,《하멜 표류기》, 서해문집, 2003.

황보연,《칠지도와 광개토대왕비 비문으로 다시 보는 고대 한일관계사》, 타임라인, 2019.

황인희,《역사가 보이는 조선 왕릉 기행》, 21세기북스, 2010.

박시백,《(만화) 조선왕조실록》시리즈.

유홍준,《한국 미술사 강의》시리즈.

유홍준,《나의 문화유산답사기》시리즈.

최동군,《나도 문화해설사가 될 수 있다》시리즈.

한국문화유산답사회,《답사여행의 길잡이》시리즈.

한국생활사박물관 편찬위원회,《한국생활사박물관》시리즈.

한국민족문화대백과.

두산백과.

조규형 · 조상순, 〈숭례문, 그 600년의 변화〉, 네이버 캐스트.

SERICEO – 고대사 숨은 이야기

KBS 천상의 컬렉션

국사편찬위원회 조선왕조실록

아산 현충사 홈페이지

서울 한양도성 홈페이지

문화재청 홈페이지

김혜경, 《하브루타 부모수업》, 경향BP, 2017.

류태호, 《4차 산업혁명, 교육이 희망이다》, 경희대학교출판문화원, 2017.

심정섭, 《질문이 있는 식탁, 유대인 교육의 비밀》, 예담, 2016.

유현심, 서상훈, 《하브루타 일상수업》, 성안북스, 2018.

이일우, 《하브루타 Q&A》, 피스미디어, 2017.

이지성, 《내 아이를 위한 인문학 교육법》, 차이정원, 2016.

이진숙, 《하브루타 질문놀이》, 경향BP, 2017.

이혜정, 《대한민국의 시험》, 다산4.0, 2017.

장성애 외, 《질문과 이야기가 있는 행복한 교실》, 매경출판, 2016.

전성수, 《부모라면 하브루타로 교육하라》, 예담프렌드, 2012.

전성수, 양동일, 《질문하는 공부법, 하브루타》, 라이온북스, 2014.

하브루타수업연구회, 《하브루타 수업 이야기》, 경향BP, 2017.

홍익희, 《유대인 창의성의 비밀》, 행성B, 2013.

황순희, 《독서 하브루타》, 시그마프레스, 2015.

하브루타 국보여행

© 최태규, 2021

1쇄 발행 2021년 8월 2일

지은이 최태규
펴낸이 이경희

발행 글로세움
출판등록 제318-2003-00064호(2003.7.2)

주소 서울시 구로구 경인로 445(고척동)
전화 02-323-3694
팩스 070-8620-0740
메일 editor@gloseum.com
홈페이지 www.gloseum.com

ISBN 979-11-86578-93-3 03910